Eva Stille

Trautes Heim Glück allein

Gestickte Sprüche
für Haus und Küche

Fotos von
Ursula Pfistermeister

Ludwig

Umschlag: Christine Paxmann, unter
Verwendung eines Motivs aus dem Buch
Druck und Bindung: Legoprint, Trento

Printed in Italy
ISBN 3-7787-3467-9

Einführung

Die hier zusammengetragenen Textilien sind deutschsprachig bestickte Objekte für den Haushalt. Die Wandbehänge, Überhandtücher, Behälter und Decken hatten den praktischen Zweck, zu schützen, zu schonen, Ordnung zu schaffen, und gleichzeitig das »Traute Heim« zu schmücken. Bestickte Tücher ohne Schrift wurden nicht miteinbezogen; denn erst der Inhalt aufgestickter Sprüche macht diese Handarbeit zu einem besonders aufschlußreichen kulturgeschichtlichen Dokument. Die Sprüche belegen unter anderem die Beziehung der Frau jener Zeit zu Haushalt und Familie.

Der gestickte Spruch erlebte seine Blütezeit zwischen 1870 und 1930. Groß- und kleinbürgerliche, proletarische und bäuerliche Haushalte in Stadt und Land wurden überzogen mit sinnigen und unsinnigen Sprüchen.

Nach Jahrzehnten des Vergessens hat in den letzten Jahren das Interesse an alten Textilien wieder zugenommen, insbesondere bei den Jüngeren, die vor allem vom dekorativen und individuellen Element der Handarbeit fasziniert sind.

Fraglos erklärt diese Tatsache das Auftauchen der Textilien auf den Flohmärkten und in den Altkleiderläden der Großstädte. Die Käufer sind nur in seltenen Fällen Sammler. Die Motivation liegt vielmehr in der augenblicklichen Mode. Das kann bedeuten, daß all die alten Objekte, heute wieder installiert in ihrer ursprünglichen Funktion, morgen, wenn die Mode vorrüber ist, im Reißwolf landen. Die Generation, die zwei Kriege bewußt erlebt hat und alles Textile aus Sparsamkeit verwahrte, ist alt. So ist abzusehen, wann der Nachschub an gestickten Textilien aufhören wird.

Die vergangenen Jahre haben deshalb eine (vermutlich die letzte) Möglichkeit geboten, diese mit Sprüchen bestickten Textilien in größerem Umfang und einigermaßen repräsentativem Querschnitt zu erfassen. In die vorliegende Sammlung wurde während der Jahre 1976–79 ein Großteil der textilen Objekte mit Schrift eingegliedert, die in Altkleider- und Wäsche-Boutiquen, Second-handshops, bei Entrümplern, Trödlern und auf Flohmärkten zum Vorschein kamen; und das besonders in den Städten Frankfurt, München, Wien und Berlin. Der Frankfurter Flohmarkt war, bedingt durch den Wohnsitz der Autorin in Frankfurt am Main, die ergiebigste Quelle für diese Sammlung. Einzugsgebiet ist außer Hessen u.a. Unterfranken, Baden-Württemberg und Rheinland-Pfalz.

Gesammelt wurde möglichst unabhängig vom Erhaltungszustand, von der Qualität der Stickerei, der Schönheit des Motivs und der Originalität der Sprüche. Daher zeigen die zusammengetragenen 735 Objekte einen relativ guten Querschnitt, obgleich Zufälle und subjektive Einflüsse, die das Sammeln mitbestimmen, natürlich auch hier nicht vermeidbar waren. Ein Teil der Tücher konnte in privaten Haushalten erworben werden. Gerade diese Objekte bilden, zusammen mit dem Kommentar der Besitzer, einen wesentlichen Hintergrund für die vorliegende Arbeit; neben den sehr zahlreichen Abbildungen und Hinweisen in alten Hausfrauenzeitschriften, Haushaltungsbüchern und Modeblättern sind sie wichtige Belege für die tatsächliche Verwendung der gestickten Sprüche.

Ihre Besitzer waren zumeist alte Damen, welche die Stickereien von ihrer Mutter oder Großmutter geerbt oder in ihrer Jugend selbst gearbeitet hatten. Sie erinnerten sich zum Teil noch, warum gerade dieser Spruch und jenes Muster ausgewählt, ob selbst entworfen oder nach einer Vorlage gestickt worden war. Sie kannten den Verwendungszweck eines jeden Objektes und berichteten, in welchen Räumen, an welchen Stellen die gestickten Sprüche in der Wohnung gehangen hatten.

Hinweise

Die Maße aller abgebildeten Objekte sind in der Reihenfolge Höhe x Breite angegeben.
Wenn nicht anders vermerkt, sind die Grundstoffe in Leinwandbindung gewebt.
Der Begriff »gestickter Spruch« steht auch für Sprichwörter, Redensarten sowie literarische Zitate (»geflügelte Worte«).
Die Datierung der Objekte richtet sich nach dem ungefähren Entstehungsdatum der Entwürfe. Da die Vorlagen über Jahre benutzt wurden, liegt der Beginn der Stickerei manchmal viel später. Zudem enthielten weniger exclusive Handarbeitshefte mitunter zehn oder gar fünfzehn Jahre alte Muster.
Generell ist zu sagen, daß für die Stickereien in Küche und Haus wohl modeabhängig immer wieder neue Muster aufkamen, daß sie sich aber nicht in dem starken Ausmaß wie etwa bei der Kleidermode durchgesetzt haben. Ein gesticktes Überhandtuch konnte durchaus zwanzig oder gar 50 Jahre lang verwendet werden — bei einem Kleid undenkbar!
Außerdem ist eine schichtenspezifische Verzögerung in der Übernahme der Muster von oben nach unten und von der Stadt zum Land zu beobachten.
Die Zeitangaben sind daher bei manchen Objekten relativ allgemein gehalten.
Weniger übliche textile Fachausdrücke sind unter »Begriffserklärung« auf Seite 205 im Anhang erläutert.

Inhalt

F1

Gestickte Schrift im Laufe der Jahrhunderte

Abb. F1
Altarstreifen um 1900, feines Leinen mit Klöppelspitze (Leinenschlag). Rot/weiße Tambourirstich-, unterlegte und versetzte Plattstichstickerei, Schlingstich und diverse flächenfüllende Stiche. Im Spruchband in lateinischer Sprache: »Ave Maria ...«
45 x 324 cm, Ausschnitt

Das Bürgertum der Gründerzeit brachte die gestickten Sprüche auf Überhandtüchern und Decken in Mode. Es griff dabei zurück auf Vorhandenes, verknüpfte Elemente verschiedener Epochen, aus Mittelalter und Renaissance, städtisch-bürgerlicher und bäuerlicher Provenienz.

Die Verbindung von Bild und Schrift in der darstellenden Kunst ist eine bekannte Erscheinung in alten Kulturen, und schon eine der ältesten großformatigen europäischen Stickereien, der 70 m lange Wandteppich von Bayeux aus dem 11. Jahrhundert weist Zeilen gestickter Schrift auf.

Bei vielen mittelalterlichen Wandbehängen und Decken bildet die Schrift geschlossene Bänder, die Medaillons rahmen, um Halsausschnitte und Kleidersäume laufen, Randkanten und Zwischenstreifen bilden. Sie ordnen sich der bildlichen Darstellung unter oder sind als schwungvolle Spruchbänder und als Schriftrollen in das Gesamtbild integriert.

Die Schrift diente der Erläuterung des Bildes — oder das Bild zur Erklärung der Schrift, denn die Mehrheit der Menschen konnte nicht lesen. So auf einem Wandteppich der ersten Hälfte des 14. Jahrhunderts, wo auf drei Friesen die Tristansage dargestellt wird, begleitet von schmalen weißen Spruchbändern.[1]

Bei direkter Rede hatte das Schriftband die gleiche Funktion wie die Sprechblase im Comic. Beispielsweise läuft in den gängigen Verkündigungsszenen ein Spruchband vom Engel Gabriel zu Maria; auf einem mit der Geschichte der Hl. Magdalena bestickten Leinentuch von Jesus zu Magdalena.[2]

Unter den alten Zeugnissen beschrifteter Textilien haben auch Objekte des häuslichen Gebrauchs die Jahrhunderte überdauert; wegen des starken Verschleißes, dem sie ausgesetzt waren, sind es freilich nur relativ wenige. Besonders interessant als Vorläufer unserer Überhandtücher sind die mittelalterlichen Prunk- und Paradehandtücher, die an exponierter Stelle in der Stube aufgehängt wurden. Im Germanischen Nationalmuseum in Nürnberg ist eine Verkündigungstafel aus der Zeit um 1470 verwahrt. Hier ist auf der Darstellung unter anderem ein kleines Bordbrett zu sehen, an dem ein blauweiß gestreiftes Handtuch hängt. Interessanterweise entspricht es einem Prunkhandtuch der Textilsammlung desselben Museums; dieses zeigt eingewebt den Namen des Augsburger Webers, Hans Velman, und das Wort »Amor«, jeweils in einem Streifen fortlaufend.[3]

Bemerkenswert sind u.a. die mit Sprüchen bedruckten Prunkhandtücher, die vor allem aus dem 18. Jahrhundert erhalten sind[4] und Tischdecken in Blau- oder Schwarzdruck mit auch später wiederkehrenden Sprüchen (»Trink und iß, Gott nicht vergiß« z.B.).

Im Barock überwog die weltliche sinnenfreudige Stickerei, die auf Schrift weitgehend verzichtete. Von den sakralen Stickereien dieser Zeit haben vor allem die bestickten Altartücher einen nachhaltigen Einfluß ausgeübt. Die rotweiße Stickerei von Blumen und Gebeten hielt sich in den häuslichen Altar- und Verseh-Tüchern und beeinflußte von hier aus auch die übrigen Heimtextilien. (Abb. F1)

Die biedermeierliche Stickerei vernachlässigte den neben dem Kreuzstich vorher viel verwendeten Plattstich und damit auch die Nadelmalerei; ersterer wurde nun als nahezu ausschließliche Technik verwendet. Die Schriftbänder waren in dieser Zeit meist reduziert auf kurze Formeln: »In Freundschaft«, »Aus Dankbarkeit«, »Souvenir«; am beliebtesten wohl »Zur Erinnerung« und »Zum Andenken«. Sie erschienen gestickt auf Notizblöcken, auf Buchzeichen, auf Brillenetuis, auf Täschchen und Beuteln zwischen turtelnden Täubchen und flammenden Herzen. Sie sind in den meisten Kreuzstich-Musterheftchen der Zeit zu finden.

Von dieser flächenfüllenden Sticktechnik, die in den 50er und 60er Jahren des vergangenen Jahrhunderts Stühle, Fußschemel und Teppiche mit plastisch realistischen Szenen füllte, wandte man sich in den 70er Jahren übersättigt ab.

Der Kunsthistoriker Jakob Falke veröffentlichte 1871 geschichtliche und kritisch-ästhetische Studien über »die Kunst im Hause«. Er widmete der Stickerei ein eigenes Kapitel und schrieb darin unter anderem: »Die Kunst der Barock- und Rococozeit hat uns eine Erbschaft hinterlassen, die noch fort und fort als Vorbild dient und gegen die wir protestieren müssen. Die Gobelinsfabrikation, die als ihre Aufgabe erkannte, dasselbe in der Weberei zu leisten, was die Kunst der Malerei mit dem Pinsel auf der Leinwand schafft, hatte das gesamte Gebiet der Staffeleimalerei auf die Sitzmöbel übertragen, so daß Rücken und Sitze von Sopha und Sessel nur noch wohleingerahmte Felder für historische, allegorische, genrehafte Gegenstände oder auch für Landschaften darboten. Die Stickerei hat das nachgeahmt und bis auf den heutigen Tag daran festgehalten.«[5]

Die Technik des Kreuzstichs und des Petit Point erschien Falke als das wahre Übel, denn »jede Composition, die nicht aus geraden Linien besteht, kann mit diesen Arten der Technik nie völlig genügend ausgeführt werden; jedes Muster, das gebogene, schwingende nicht gebrochene Linien enthält, ist dafür stilistisch unrichtig. Damit sind alle figürlichen und landschaftlichen Darstellungen von selber ausgeschlossen ... In jener Zeit, als die Stickerei eine wahre Kunst war und fast mit der Malerei wetteiferte, im fünfzehnten Jahrhundert, da kannte sie die technischen Weisen, die heute im gewöhnlichen Gebrauch sind, fast gar nicht. Jene Zeit verwendete den Plattstich. Nur mit dieser Art kann die Stickerei zur Nadelmalerei werden. «[5]

Zur ungefähr gleichen Zeit und im gleichen Sinne schrieb der Kunstschriftsteller und Verleger Georg Hirth in der Zeitschrift des Kunstgewerbevereins München: »Durch die Erkenntnis der Wahrheit, daß wir Großes nur bei liebevollem und verständnisinnigem Studium der Alten leisten werden, haben wir einen gewaltigen Schritt vorwärts gethan; und wenn nun vollends die Überzeugung Gemeingut wird, daß wir unser Heil in der deutschen Renaissance des 16. und 17. Jahrhunderts zu suchen haben, dann muß es uns ja gelingen, über den unförmigen Moloch der Stil- und Geschmacklosigkeit Herr zu werden.«[6]

Diese Hinwendung zu den Stilelementen der Renaissance, die die Wohnungseinrichtung seit den 70er Jahren des 19. bis ins 20. Jahrhundert hinein entscheidend beeinflußte, brachte auch der Stickerei neue Impulse, mehr als die später nacheinander und nebeneinander laufenden Rückgriffe auf Rokoko und Empire. Insbesondere die Stickerei für das »Traute Heim« wurde durch die Rückbesinnung auf die Renaissance einschneidend geprägt. Wurde doch nunmehr das mit »altdeutschen« Motiven und Sprüchen bestickte Prunkhandtuch für die »moderne« Wohnung selbstverständlich. Es hing im Wohnzimmer über der Rolle beim Zinnbecken mit wasserspeiendem Getier (Abb 1), im Speisezimmer neben dem Aufsatzschrank und im Schlafzimmer als Überhandtuch am Waschtisch. Tischdecken, Läufer, Serviertischdecken und Servietten waren ebenfalls mit Arabesken und Figuren in Renaissance-Kleidung bestickt (Abb F2).

Diese Mode, die zunächst nur die Oberschicht erfaßt hatte, griff in den Jahrzehnten der Industrialisierung, in denen serienmäßig Pseudo-Renaissancemöbel produziert wurden, in reduzierter Form auch auf die mittleren und schließlich unteren Bevölkerungsschichten über.

In dieser Zeit der Begeisterung für das »Altdeutsche«, beeinflußten Sammlungen alter Stickereimuster die stickende Damenwelt. So die »Muster altdeutscher Leinenstickerei«[7] mit 43 verschiedenen Sprüchen für Tischdecken, von Julius Lessing herausgegeben, dem damaligen Direktor des deutschen Gewerbemuseums.

Hausfrauen- und Modezeitungen propagierten diesen Stil. Beispielsweise brachte 1877 die »Illustrierte Frauen-Zeitung« einen Aufsatz über »Sprüche auf altdeutschen Leinendecken.«[8] Abbildungen und Beschreibungen von im »neuzeitlichen« Stil gearbeiteten Objekten füllten die Handarbeitsseiten. Ein Beispiel von 1886: »Es verdienen vor allem die Arbeiten in deutscher Renaissance hervorgehoben zu werden, von welcher wir mit der abgebildeten Fahnen-Schärpe eine Probe geben. Auf dunkelgrünem Sammet ist die Schrift,

Abb. 1
»Waschschrank« für ein Renaissancezimmer von 1884, mit Delphin als Wasserspeier.
2 m hoch

Abb. F2 →
Figur in Renaissancekleidung 1870/90, in Stielstich auf einem Überhandtuch aus Leinen. Schrift im Schriftband in unterlegter Plattstichstickerei »Ordnungssinn bringt Gewinn«
136 x 55 cm, Ausschnitt

Abb. F3 →
Schrift im Spruchband; auf einem Überhandtuch aus Leinen, um 1890. Stickerei in rotem Stielstich und weißem Stiel-, Bäumchen- und Kettstich ausgeführt.
122 x 47 cm, Ausschnitt

— eine Jubiläumswidmung — mit Gold und Silberfäden nebst Purpurseide für die Schattenpartien gestickt. An den beiden Gestalten in Renaissance-Tracht, welche die Mitte der Bandeaux einnehmen, bildet prächtig schattierte Chenille-Stickerei die Gewänder, während Köpfe und Hände gemalt sind. Die um 6 cm breiteren Endverzierungen zeigen Thier- und Menschenköpfe in roth und grünlich abschattierter Reliefstickerei. Den Abschluß bilden 7 Centimeter breite Franzen aus Silbercantille.«[9]

Seit den großen Weltausstellungen in London und Paris, 1851 und 1867, die Enthusiasmus für das Kunstgewerbe ausgelöst hatten, besonders aber seit der Wiener Weltausstellung 1873, die von entscheidender Bedeutung für das Textilgewerbe war, wurden die Hausfrauen von ihren Zeitungen ausführlich über die immer häufiger werdenden Kunstgewerbe- und Handarbeitsausstellungen informiert.

Die Wiener Weltausstellung hatte nicht nur die internationalen Exponate des Kunstgewerbes zum Vorbild und Maßstab gemacht, die von der Rückbesinnung auf die Renaissance geprägt waren, sondern auch die Qualität der »Volkskunstmuster« in ihrer dekorativen Farbigkeit ins Bewußtsein gebracht.

In der Volkskunst wurde die Inschrift durch die Jahrhunderte liebevoll beibehalten, (Abb. 2) wie sie auch in der städtischen Kunst des 15.-17. Jahrhunderts im und am Haus und an den Geräten ein selbstverständliches Element der Verzierung war. Ebenso wurden viele Textilien mit Schrift, mindestens mit Namenszügen und Jahreszahlen versehen. Eine ganz besondere Beziehung zur Schrift haben die Siebenbürger Sachsen, vor allem jedoch die Bewohner der Winsener Elbmarsch entwickelt. Sie bestickten neben Trachtenteilen Brautkissenbezüge, Taufdecken und Prunkhandtücher mit Querstreifen von Blumenranken und -bouquets in ausgewogener Farbigkeit; hier spielt jedoch vor allem die Schrift eine entscheidende Rolle: »Sie bekommt ein starkes Eigengewicht und durchaus die Aufgabe des Schmuckes. So ordnen sich die Lettern, entweder die Namensanfangsbuchstaben oder aus dem Namen willkürlich herausgewählte Buchstaben, wenn eine größere Zahl durch den Musterzusammenhang gefordert war, selbstbewußt zwischen die Ranken und Blüten. Es sind flott gezeichnete, von Linienzügen und Schnörkeln umspielte Lettern der lateinischen Schreibschrift,

1

F2

F3

Daheim.

Abb. 2
Bauernhaus mit Inschrift »Mein Nest ist das best« (nach Ludwig Richter 1803-1884)

Abb. 3
Leinendecke, 1870/80, mit Spruchband »Eigener Herd ist Goldes wert«. Rot languettiert und mit rotem Stiel- und Plattstich verziert. 57 x 90 cm

denen man die Abkunft von Schreibmeistervorlagewerken ansieht. Streng dagegen ist die bei Leichlaken für den Spruch verwendete Antiqua der dann schwarzen oder blauen Stickerei«.[10]

Von der Wiener Weltausstellung 1873 ging außer dem neuen Verständnis für die Volkskunst ein weiterer entscheidender Impuls aus: Hunderte von Fachschulen, darunter auch viele Textilschulen wurden gegründet und beeinflußten nun das Kunstgewerbe.

Drei Jahre später zeigte die Kunst- und Gewerbeausstellung in München bereits die Arbeitsergebnisse verschiedener dieser neugeschaffenen Schulen. So stellte beispielsweise die weibliche Industrieschule des Fräulein Joerres in München unter vielem anderen folgende Stickereien aus: »Hier finden sich große Tafeltücher, deren drei Bahnen unter sich durch Streifen von Häkelarbeit verbunden und mit versetzten Decorationsstücken in rothen Kreuzstichen zierlich ausgenäht sind. Das betreffende Muster zeigt altdeutsche Formen aus dem 16. Jahrhundert. Ein anderes Tafeltuch ist mit rothem Plattstich, ein drittes in romanischem Stile gehalten. Verschiedene Technik in glücklicher Wahl, wie Plattstich, Stielstich, Tambourirarbeit etc., bietet ein gelb decoriertes Altartuch. In Kreuz- und Stilstich ausgeführt, findet sich ferner ein roth decoriertes, dreitheiliges Tafeltuch mit Wappenschild und Inschriften:

Genügen paßt für jeden Gast

und

Ein froher Gast ist Niemands Last.

Verschiedene Handtücher sind hier mit musicirenden Engeln, mit Vögeln und streng stilisiertem Laubwerk in Roth oder Roth/Blau decoriert.«[11]
Auf den Decken und Überhandtüchern des letzten Drittels des 19. Jahrhunderts war die Schrift — wie auch auf den alten Vorbildern — durch ein Schriftband (Abb. F3, Abb. 3) oder eine Schriftrolle einbezogen in die bildliche Darstellung. Oder das Bild war eingearbeitet in das Initiale des Textes (Abb. F4, Abb. 4). Oft waren die Schriftzüge, zwischen geometrischen Borten streng eingefügt, selbst zu Borten geworden. (Siehe Abb F32)

Abb. F4 →
Küchenszene im Initial des Spruchs »Eigner Herd ist Goldes Wert«. Überhandtuch aus Leinen, bestickt mit Stielstich. Schrift in Plattstichstickerei. Um 1870/80 Fragment

Abb. F5 →
Wandbehang aus Leinen, Anfang 20. Jahrhundert schattierte Plattstich- und Stielstich-Stickerei. Schrift in unterlegtem Plattstich. »Guten Morgen« 57 x 89 cm

3

F4

F5

4

Abb. 4
Renaissancefigur in Initiale von »Guten Morgen«. Überhandtuch aus Zwirn-Crêpe mit geknoteten Fransen und rosa Stiel- und Plattstickerei, 1870/80.
130 x 46 cm

Abb. F6 →
Überhandtuch von 1910/20, mit Stiel-, Spann-, Platt- und unterlegter Plattstichstickerei.
»Viel Glück«
103 x 53 cm, Ausschnitt

Abb. F7 →
Wandbehänge um 1905, Baumwolle mit gewebter Borte eingefaßt, mit Stiel- und Plattstich bestickt.
»Alles auf Erden hat seine Zeit,
Frühling und Sommer,
Freude und Leid«
49 x 83 cm,
unten:
»Von Lieb' allein wird niemand satt,
Wohl dem, der was zu löffeln hat.«
48 x 82 cm

Abb. 5
Wandbehang für die Küche um 1900, Javastoff mit roter Stielstich- und Plattstich-Stickerei
»Die Küche ist die Seele der Hausfrau«
52 x 91 cm

Der intensiven Zuwendung zur Renaissance ab etwa 1860 folgte gegen Ende des Jahrhunderts eine ebenso heftige Abkehr. Freilich gab es bei den stikkenden Frauen manches Beharren beim Althergebrachten, aber durch den Einfluß der Modezeitungen gewann der moderne Stil im textilen Bereich schnell an Boden. Im Jugendstil wurde die Schrift auf den gestickten Tüchern ein absolut eigenständiges Element. Plastische, streng durchgestaltete Buchstaben bildeten nun zwischen ornamentalem Rankenwerk, schwungvollen Linien floraler (Abb. F5) und figürlicher Muster das eigentliche Zentrum der gestickten Behänge (Abb. 6,7).

Neu war auch die Farbgebung. Während im 19. Jahrhundert Türkischrot und Indigoblau wegen ihrer Waschechtheit auf Leinen- und Baumwoll-Objekten überwogen, finden wir nun auch vielfarbige Stickereien auf weißer Kochwäsche (Abb. F6) oder auch rein schwarze Schriftzüge (Abb. F7). Die Ränder der älteren Behänge waren überwiegend mit Posamenten oder Kattunstreifen eingefaßt. Nun wurden sie von Baumwollbörtchen mit andersfarbig eingewebten zeittypischen Motiven, Blumen, spielenden Kindern, Holländerpärchen abgelöst. Der Kattunstreifen als Randeinfassung ist auch noch bis in die 20er Jahre hinein erhalten geblieben. Dies gilt für die Wandbehänge.

Die Überhandtücher des 19. Jahrhunderts waren fast ausschließlich mit geknoteten Fransen oder Spitzenbesätzen an der unteren Randkante verziert, während im 20. Jahrhundert der glatte Hohlsaum- oder Besatzabschluß überwog.

Die 20er Jahre brachten typische Blumen- und Obstschalen (Abb. 9) und vor allem figürliche Darstellungen in zeittypischer Kleidung (Abb. 8). Die Schrift behielt ihre Bedeutung als selbständiges Ornament (Abb. F8).

In den folgenden beiden Jahrzehnten, den 30er und 40er Jahren wandte man sich erneut und fast ausschließlich den »Volkskunstmustern« zu. Die Stickerei war meist grob und sehr bunt, der Inhalt der Sprüche derb spaßig (Abb. F9):

»In Liebe 3«

»Gäben Küsse Flecken, wären alle Mädchen Schecken«

»Jeder Mensch hat seinen — «

und der gefiederte Freund war nicht verbal, sondern gestickt. Häufig war jeder Buchstabe in anderer Farbe ausgeführt.

Der gestickte Spruch blieb im Laufe der Jahrzehnte weitgehend auf die Küche beschränkt und hier speziell auf das Überhandtuch. Nur ein Objekt hat seine allgemeine Popularität auch in anderen Räumen bis heute nicht ganz eingebüßt: der Kissenbezug. In den ersten Nachkriegsjahren wurden Sofakissenbezüge aus Nessel mit grobem Stielstich bunt bestickt:

»Vergiß deine Heimat nicht«

»Sei lieb«

»Denk an mich.«

Vorgezeichnete Kissenplatten dieser Art werden als Relikte heute noch in denselben Mustern wie vor 30 Jahren alljährlich auf dem Frankfurter Weihnachtsmarkt angeboten. Doch der typische »Spruch« unserer Zeit ist die KFZ-Nummer auf dem Autokissen!

Heutzutage wird durchaus wieder gehandarbeitet, auch gestickt; aber der unterlegte Plattstich, der die Schrift so plastisch und dekorativ machte, ist zu mühevoll. Das heißt jedoch nicht, daß es an Interesse für den gestickten Spruch fehlt. Im Gegenteil, die Frauen hängen neuerdings die alten Ermahnungen und Trostsprüche wieder in ihre Küchen, und Textilfirmen weben alte Schriftborten nach. Eine Frauenzeitschrift machte 1977 mit dem Beitrag »So werden alte Küchenmotive zu modischen Leckerbissen«, Vorschläge für Nachthemden mit gestickten Sprüchen als Blickfang.

Die inhaltsschweren Sprüche aber gehören unwiderruflich der Vergangenheit an, sie berühren uns nicht mehr, sondern amüsieren. Würde sonst eine emanzipierte Frau beim Anblick des folgenden Spruches Haltung bewahren: »Die Küche ist die Seele der Hausfrau«? (Abb. 5)

5

F6

Alles auf Erden hat seine Zeit,
Frühling und Sommer,
Freude und Leid

Von Lieb' allein wird niemand satt,
Wohl dem,
der was zu löffeln hat.

F7

6

7

Abb. 6
Wandbehang um 1905, Baumwolle mit Webborte eingefaßt. Mit schwarzem Stiel- und Plattstich bestickt: »Hab weder Gold noch Perlenketten und keine seid'nen Prunktoiletten kann mich auch nicht am Gold berauschen und möchte doch mit niemand tauschen!« 49 x 78 cm

Abb. 7
Wandbehang um 1910/20, Baumwolle mit hellblauer Stielstich- und Plattstich-Stickerei. »Liebe ist der beste Koch« 41 x 70 cm

Abb. 8
Kissenbezug 20er Jahre, Leinen mit schwarzer Stielstich- und schattierter Plattstich-Stickerei.
»Das Lied der Liebe hat eine süße Melodie«
39 x 53 cm

Abb. 9
Wandbehang um 1920, Baumwolle mit blauer Kattuneinfassung, hellblaue Kattuneinfassung, hellblaue Stiel- und Plattstich-Stickerei.
»Wo fleißige Hände sich regen, ist stets Gottes Segen«
50 x 80 cm

8

9

Abb. F8 →
Überhandtuch 20er Jahre, Baumwolle mit blaukarierten Randborten, bestickt mit Stiel- und Plattstich.
»Koche mit Liebe«
110 x 48 cm, Ausschnitt

Abb. F9 →
Überhandtuch 1930/40, Leinen mit dicker Baumwolle in Stiel-, Spann- und Schlingstich bestickt.
»So a Wein erwärmt mi sehr doch mei Schatzerl wärmt noch mehr«
122 x 62 cm, Ausschnitt

F8

F9

10a

Abb. 10a
Monogramm um 1890, rot/weiße, unterlegte Plattstich-Stickerei mit Stielstichlinien auf einem Überhandtuch aus Leinen, Originalgröße des Monogramms: 16 x 9,5 cm

Sticken – eine weibliche Kunst?

Die Stickerin

Abb. F10 →
Überhandtuch um 1880 mit Monogramm HB, abgepaßtes Halbleinen-Handtuch mit geknoteten Fransen in Stiel- und Plattstich bestickt.
112 x 45 cm, Ausschnitt

Abb. F11 →
Überhandtuch mit »kuchentragendem Bäcker«, um 1905, Leinen mit eingewebten Querstreifen, Maschinen-Klöppelspitze an den Kanten. Bestickt mit Stiel- und Plattstich.
»Strebsamkeit bringt dich weit«
125 x 56 cm, Ausschnitt

Sticken war nicht zwangsläufig eine Tätigkeit, die Frauen vorbehalten war. Die berühmten mittelalterlichen Stickereien wurden nicht nur von Frauen in Kloster und Haus, sondern auch von männlichen Stickern professionell-gewerblich hergestellt. Noch in den 30er Jahren des letzten Jahrhunderts arbeiteten in den Kunststickwerkstätten Berlins, die vor allem für Militär, für Kirchen und Vereine Gold-, Silber-, und Seidenstickereien ausführten, sowohl ausgebildete Frauen als auch Männer an den Stickrahmen[12]. Selbst heute noch werden in dem seit 1783 bestehenden Stickatelier Grossé in Brügge die feinsten Nadelarbeiten von Männern ausgeführt.[13] Die Maschinenstickerei war sogar überwiegend ein männlicher Beruf.

Im Gegensatz zur gewerblichen ist die häusliche Stickerei für den eigenen Bedarf im bäuerlich-ländlichen und im bürgerlich-städtischen Bereich stets Domäne der Frau gewesen. Die Aussteuerwäsche wurde Jahrhunderte hindurch eigenhändig gefertigt und bestickt. Der Begriff des Hausfleißes trifft im wahrsten Sinne des Wortes zu, denn eine gediegene Aussteuer hatte ein für unsere Begriffe ungeheures Volumen. In manchen Gegenden Deutschlands legte eine vermögende Familie ihren Stolz darein, nur einmal oder höchstens zweimal im Jahr zu waschen. Damit konnte sie zeigen, wie groß ihre Wäschevorräte waren! Eine Hausfrauenzeitschrift machte 1901 ihren Leserinnen Vorschläge für die Wäscheausstattung der Braut und riet dringend davon ab, die Stückzahl zu sehr zu verkleinern: »Allerdings, die früher üblich gewesenen sechs Dutzend jeder Sorte halten wir für überflüssig, ja direkt für einen Ballast.«[14] Aber das, was als Mittelzahl bestehen blieb, ist immer noch beachtlich:

»Leibwäsche.
3 Dutzend Hemden, 2½ Dutzend Beinkleider, 1½ Dutzend Nachthemden, ½ Dutzend Nachtjakken, 1 Dutzend Untertaillen, 1 Dutzend Anstandsröcke, 6 Promenadenröcke, 2 Frisiermäntel, 4 Dutzend Taschentücher, 6 elegante Waschschürzen.

Tisch- und Bettwäsche.
2 Damasttafeltücher für 12, 2 für 8 Personen, 36 Servietten dazu, 4 feine Jacquard-Tafeltücher für 8 Personen samt 24 Servietten, 6 Jacqard-Tischtücher für 6 Personen samt 24 Servietten, 18 Frühstücks-Servietten, 3 Theegedecke, 2 Kaffeedekken, 18 Kaffee-Servietten und 12 Obst-Servietten.
6 Garnituren Bettbezüge aus Herrnhuter Leinen, 6 aus Brokat, 6 Couverts, hochelegant, mit 6 passenden Kopfkissen, und 6 Plumeau-Bezügen. 6 einfache Bezüge. 18 Laken aus Herrnhuter Leinen. (Für einfache Laken-Bezüge statt dessen 48 Laken, 36 Kopfkissen).
6 Bezüge für das Leutebett, bestehend aus 1 Deckbett und 2 Kopfkissen, 6 Laken.
4 Dutzend Handtücher in verschiedener Ausführung, 1 Dutzend Frottierhandtücher, 2 Badelaken, 1 Dutzend Leutehandtücher.

Küchenwäsche.
2 Dutzend Handtücher, 3 Dutzend Teller-, 2 Dutzend Gläser-, 1 Dutzend Tassen-, 2 Dutzend Fenstertücher. Dazu kommen noch je 1 Dutzend Zylinder-, Lampen-, Toiletten-, Silber-, Messertücher; ferner Staub-, Topf-, Spül- und Scheuertücher, Topf- und Waschlappen, Rolltücher, Plättdecken und Plättbrettbezüge, Wirtschaftsschürzen. Kurz im Ganzen etwa 30 Dutzend Küchenwäsche.«

Alle diese Stücke wurden mit dem Monogramm (Abb. F10) oder dem ganzen Namenszug der Besitzerin gekennzeichnet, mehr oder weniger aufwendig, z.T. mit einfachen Buchstaben in kleinen roten

F10

F11

Kreuzstichen, oft auch mit verschlungenen Initialen von beachtlicher Größe in rot/weiß unterlegtem Plattstich. (Abb. 10a, b) Manche Stücke, wie Unterwäsche, Kopfkissen, Tischdecken und Prunkhandtücher wurden außerdem mit reicher Stickerei verziert.

Arbeiten der Art leistete die bürgerliche Hausfrau zusammen mit ihren Töchtern und den Dienstmädchen. Nur im Großhaushalt fand die Hausfrau bei der Aussteuernäherei und -stickerei eine Entlastung durch Weißnäherinnen und Stickerinnen, die, wie die Schneiderin und die Waschfrau, gegen Lohn und Verpflegung ins Haus kamen.

Im Haushalt ohne fremde Hilfe hatte sich die häusliche Stickerei ursprünglich zwangsläufig auf das Notwendige, nämlich auf Aussteuer und Kleidung, beschränken müssen. Erst im Laufe des 19. Jahrhunderts war durch die Industrialisierung Zeit für die minder wichtigen Künste der Hausfrau, für Stickerei von Zierrat, wie Kissen und Behängen, Läufern und Deckchen freigeworden. Denn die Trennung von Arbeitsplatz und Wohnstätte, vorangetrieben durch die Industrialisierung, entlastete viele Handwerkerfrauen von der Mitarbeit im eigenen gewerblichen Betrieb. Viele Arbeiten im Hause wurden allmählich von Gewerbe und Industrie übernommen, Tätigkeiten, die die Großfamilie der vorhergehenden Jahrhunderte noch selbst geleistet hatte, wie z.B. das Backen und Nähen.

Schließlich wurde im letzten Drittel des 19. Jahrhunderts das Sticken der Monogramme in den Großstädten von etablierten Wäschegeschäften übernommen. Freilich waren es zunächst nur reiche Familien, die ihre Leistungen in Anspruch nahmen.

Von diesen Geschäften wurden die Stickereien immer noch überwiegend in Handarbeit geliefert, obgleich schon 1829 die ersten Stickmaschinen erfunden worden waren. »Bei der großen Wichtigkeit gerade der Wäsche für den Haushalt und die Hausfrau, welche in ihrem Leinenschatze den Wohlstand der Familie ausgeprägt sieht«[15], wollte man die hochgeschätzte Handarbeit nicht missen.

Die Maschinenarbeit nahm zwar zwangsläufig zu, aber die Handstickerei lief nebenher und wurde nie ganz verdrängt.

Die monogramm- und namenstickende Wä-

Abb. 10b
Monogramm 1870/80, rot/rosa Tambourir-Stickerei auf einem Überhandtuch aus Leinen. Originalgröße des Monogramms 12x 19 cm

10b

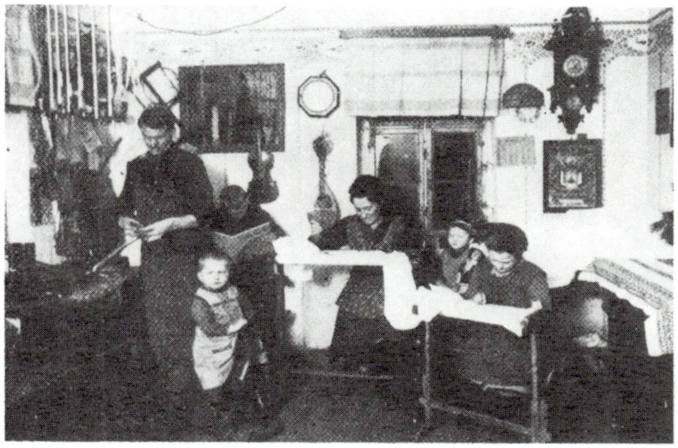

Abb. 11
Heimarbeiterinnen im Vogtland bei der Plattstich-Stickerei. Der Raum ist zugleich Küche und Wohnraum, 1925.

Abb. 12
Sticksaal in einem Großbetrieb, 1875

schebranche, die auf Buchstabenstickerei eingestellt war, bot naturgemäß gute Voraussetzungen für gestickte Sprüche mit langem Text, zum Beispiel auf bestimmten Behängen. Die Entwicklung lief jedoch zweigleisig. Eine andere Branche hatte sich — wie die Wäschenäherei — hauptsächlich in Berlin etabliert, das sogenannte Tapisseriegewerbe. Ursprünglich verstand man darunter mehrfarbige Stickereien meist in Wolle auf Canevas in der Kreuzstichtechnik; aber Anfang der 50er Jahre fand das Geschäft »in vorgezeichneten und angefangenen Weißzeug- und Leinenstickereien (Schürzen, Kinderkleidchen, Decken, Überhandtücher usw.) hier in Berlin zuerst seinen Boden. Der Begründer war ein einfacher Malergehilfe; ein Zufall veranlaßte ihn, sein Zeichentalent zunächst für gestickte Mantillen und Sammetwesten für Herren, wie sie damals getragen wurden, zu nutzen; er wendete sich dann mit Erfolg dem genannten Sonderzweig der Tapisserei zu, den er und sein Nachfolger hier einbürgerten«[16].

Die Weißzeugstickerei, zu der die mit Sprüchen bestickten Tücher und Behänge auf Baumwolle und Leinen gehörten, erlangte schließlich auch in anderen Städten, wie Wien oder München, Bedeutung. Im sächsischen Vogtland fand sie innerhalb des umfassenden Textilgewerbes vor allem als Maschinenstickerei, aber auch als Handstickerei Aufnahme. Schon in den 70er Jahren führten Tapisseriebetriebe und kleine und große Ladengeschäfte Weißzeugstickereien in großer und reicher Auswahl.

Da die Frauen und Mädchen die verspielten Stickereien zur Dekoration der Wohnung gern selbst fertigten, wurden überwiegend von Heim-

12

F12

Abb. F12
Überhandtuch 1910/20, Leinen mit Perlgarn in Kett-, Spann-, Knötchen- und unterlegtem Plattstich bestickt.
»Guten Morgen«.
103 x 49 cm, Ausschnitt

arbeiterinnen gewerbsmäßig vorgezeichnete, bereits angefangene und mit dem Stickgarn in den entsprechenden Farbmengen versehene Arbeiten verkauft. Wer es sich leisten konnte und nicht unbedingt selbst sticken mochte, konnte diese gleichen Handarbeiten im Stickladen ebenso fertig kaufen, wiederum von Heimarbeiterinnen gestickt. Die Kundin mußte dafür knapp das Doppelte bezahlen.

Wäschestickerei und Tapisserie blieben auch dort, wo sie nicht für die eigene Familie bestimmt waren, weiterhin Arbeit der Frau im Hause, allerdings mit anderem Vorzeichen: Die Frauen standen als Heimarbeiterinnen in einem häuslichen Lohndienstverhältnis, d.h. sie stickten in ihrem eigenen häuslichen Bereich für Wäschegeschäfte, Stickläden und z.T. auch für sogenannte Zwischenmeister. Diese verteilten das Arbeitsmaterial und lieferten die fertige Ware beim Auftraggeber ab. Ihr Arbeitslohn ging vom Verdienst der Stickerinnen ab.

Das gewerbliche Sticken setzte unmittelbar am Hausfleiß der bürgerlichen Frauen an, die auch feinste Handarbeiten ausführten, die von ungelernten Arbeiterinnen nicht geleistet werden konnten. Frauen und Töchter höherer Stände stickten für ein zusätzliches Taschengeld, Witwen und Waisen stickten, um ihre viel zu kleinen Pensionen aufzubessern. Indem sie stickten, konnten sie den Schein wahren, für den eigenen Bedarf zu handarbeiten. Diese Stickerinnen nahmen aufgrund ihrer besonderen Situation Arbeit für jeden Preis an und drückten entsprechend die Löhne in der Stickereibranche. Die Verdienste waren wahrhaftig erbärmlich: 1907 betrug beispielsweise der durchschnittliche Stundenlohn etwa 15 Pfennige.[17] (Abb. 11) Ein gesticktes Überhandtuch durchschnittlicher Qualität kostete den Endverbraucher ungefähr 3 Mark. Die Stickerin hätte für eine Nähmaschine, die sie sich freilich zumeist nicht leisten konnte, 30–50 Tage arbeiten müssen.

Auch Großbetriebe vergaben Arbeit an Heimarbeiterinnen, hatten jedoch oft ihre eigenen Arbeitssäle (Abb. 12). Die hier arbeitenden Stickerinnen hatten im allgemeinen etwas höhere Löhne und eine gewisse, wenn auch minimale soziale Sicherung.

Sticken will gelernt sein

Die kleinen Mädchen lernten das Sticken zu Hause bei der Mutter. — Manchmal, wie es scheint, allzu früh. Eine »Zeitschrift für katholische Mütter und Hausfrauen« bittet 1897 die »lieben Mütter, ja nicht zu strenge und zu frühzeitig das Erlernen der Handarbeiten von ihren kleinen Töchtern zu verlangen«.[18]

10 Jahre später steht in dem gleichen Blatt: »Lasset das Kind Kind sein, und deshalb verlangt von ihm keine haarsträubende Arbeit für das vorschulpflichtige Alter ... Namentlich bei den Nadelarbeiten sollen bisweilen kurze Ruhepausen eintreten, in welchen die Mädchen eine der Arbeitsstellung entgegengesetzte Haltung einnehmen können; auch das Auge kann dann zur Erholung frei nach entfernten Gegenständen schweifen ... Leider aber müssen Mädchen oft gerade zu Hause mehrere Stunden hintereinander arbeiten, ohne wie in der Schule, wiederholte Erholungspausen zu haben.«[19]

Vom Verhalten der Mutter hing zumeist ab, ob das Sticken ein Vergnügen oder eine bittere Pflicht war. Bei den Heimarbeiterinnen, deren Broterwerb das Sticken war, sah die Situation anders aus. Hier wurden aus Not viele Kinder, Mädchen wie Jungen, frühzeitig in den Produktionsprozeß eingespannt. Sie übernahmen einfache Arbeiten, wie das Abreißen oder Abschneiden von Fäden, zum Teil aber immerhin täglich 2 Stunden lang.[20]

Für viele Kinder aber gehörte das Sticken glücklicherweise zum Zeitvertreib. Beschäftigungsbücher für Mädchen hatten immer »weibliche Handarbeiten« unter ihren Vorschlägen, jedenfalls »insoweit sie zu Spielen und zu angenehmer Unterhaltung dienen«, so in einem 1875 erschienenen Spielbuch für Mädchen.

Unter »Stickarbeiten« heißt es hier: »Es giebt kaum etwas Leichteres und zugleich etwas Schwereres in weiblichen Handarbeiten als Sticken. Hier wollen wir jedoch nur die einfacheren Arten erwähnen, die schwierigeren werdet ihr später lernen. Das Erste in diesem Fache ist das sogenannte »Ausnähen«, wofür manche Mädchen großes Talent zeigen. Man hat hierzu besondere Bilderbogen, die erst mit Nadeln ausgestochen und dann mit bunter Wolle gestickt oder ausgenäht werden; ja, flei-

13

Abb. 13
Beschäftigungsspiel um 1910, mit Papier-Kärtchen zum Aussticken

ßige Stickerinnen sammeln sich ganze Bilderbücher voll solcher Wollarbeiten.«[21]

In seiner Erzählung »Der Nähkasten«, die in Berlin um 1900 spielt, erinnert sich Walter Benjamin an »dieses stillste Hausgeschäft ... Je früher am Tag es dunkel wurde, desto öfter erbaten wir die Schere. Eine Stunde verbrachten nun auch wir mit unseren Augen der Nadel folgend, von der träg ein dicker, wollener Faden herunterhing. Denn ohne es zu sagen, hatte jedes sich seine Ausnähsachen vorgenommen — Pappteller, Tintenwischer, Futterale-, in die es nach der Zeichnung Blumen nähte.«[22]

Fortgeschrittene kleine Stickerinnen fertigten für ihre Puppenküche komplette Garnituren; ganz wie in Mutters Küche wurden mit blauen Kreuz- und Stielstichen Sprüche und Inschriften daraufgestickt. Die Beschäftigungsbücher enthielten nicht nur Vorschläge für kleine Puppenstubenstickereien, sondern auch Muster für Geschenke, z.B. Servietten und Tischläufer für die Mutter, bestickt mit dem Spruchband »Zur Essenszeit scheuch Sorg und Leid«[23], Kissen und Buchzeichen für den Vater.

Die Spielwarenindustrie bot flache Kartons an mit kleinen Stickvorlagen, die mit großen Stichen an den Boden der Schachtel geheftet waren, garniert mit bunten Wollknäueln und Garnzöpfen, kleinen Nadelmäppchen und Fingerhut. Auch Kartons mit »Modernen Wandsprüchen« konnte man kaufen (Abb. 13). Sie waren mit dem beigegebenen mehrfarbigen Garn in Kreuzstich auf Papierkanevas zu sticken. Auf den 12 x 30 cm großen Kärtchen waren folgende vorgedruckte Sprüche nachzustik-

Abb. 14
Eine französische Gouvernante bringt ihren Schützlingen das Sticken bei. Erstes Jahrzehnt, 20. Jhdt.

ken: »Gedenke mein«, »Aus Liebe«, »Glaube, Liebe, Hoffnung«, »Nütze die Stunden, bald sind sie entschwunden«, »Erst besinn's dann beginn's«.

Der Handarbeitsunterricht für kleine Mädchen war in den Schulen zunächst nicht selbstverständlich. In Preußen z.B. erfolgte die allgemeine Einführung — jedoch noch eingeschränkt — erst 1872: »Der Unterricht in weiblichen Handarbeiten wird, wenn thunlich, schon von der Mittelstufe an wöchentlich zwei Stunden erteilt«.[24]

Der Lehrplan war jedoch ganz und gar abhängig von der jeweiligen Lehrerin, die ihre Lehrbefugnis mehr ihrer Ehe mit dem Pastor oder dem Lehrer verdankte, als einer bestimmten Ausbildung. Das änderte sich erst gegen Ende des 19. Jahrhunderts.

Vermittelt wurde den Schülerinnen vornehmlich Praktisches. Zuerst wurde Stricken und Häkeln gelehrt; das dokumentierte ein weißer Baumwollstrumpf mit roten Stopfstellen in Flecht- und Maschenstich, oder ein langer Strickmusterstreifen. Dann folgte das Nähen anhand eines Leinenläppchens mit verschiedenen Nähten, Knopflöchern und Schlitzen oder eines Puppenhemdchens. An einem aus unterschiedlichen Materialien zusammengesetzten Tuch übte man das Einsetzen von Flicken und an einem weiteren Leinenquadrat das Stopfen in verschiedenen Bindungen. Und schließlich wurde ein Stickmustertuch gefertigt (Abb. 15 a, und b, auch Rücktitel).

Ursprünglich war das Stickmustertuch Erinnerungsstütze für Erwachsene, die sich mit Nadel und Faden Muster »notierten«. Es entstanden aber daraus auch sorgfältig komponierte kleine Kunstwerke, die oft zu bestimmten Anlässen und zur Erinnerung gestickt wurden. Im ausgehenden 19. Jahrhundert aber, als die gestickten Wandsprüche sich einzubürgern begannen, lag der Schwerpunkt auch nicht mehr, wie in früheren Zeiten, auf den einzelnen Motiven, den Tieren, Vögeln, Blumen, Lebensbäumen, Adam und Eva usw., sondern auf verschiedenen Stickarten und besonders auf Zahlen und Buchstaben, die in der Praxis unter anderem auch für die Aussteuerwäsche zu dieser Zeit eine große Rolle spielten.

Man nannte diese Sticktücher oft auch »ABC-Tücher«. Sie waren je nach Schule und verwendetem Handarbeitsbuch — im letzten Drittel des 19. Jahrhunderts hatte die Lehrerin eine breite Auswahl — sehr unterschiedlich gestaltet. Manche Schulen ließen die Mädchen sogar verschiedene Tücher sticken, eines mit Kreuzstich-Schrift auf Stramin, eines mit unterlegtem Plattstich auf feinem Leinen.
Die einen reihten Buchstaben, Zahlen und Muster in strenge Zeilen, die anderen gruppierten einzelne Monogramme oder verzierten vor allem die Ränder. Es gab auch Tücher, die anstelle des Alphabets Inschriften trugen: »Nadel, Schere, Fingerhut ist das beste Heiratsgut«, »Ohne Fleiß kein Preis«. Selten fehlten der Name der Stickerin und das Fertigungsjahr.

Diese ABC-Tücher, die dem Erlernen der Buchstabenstickerei den Vorzug vor dem Erlernen der Stickmuster gaben, waren eine wesentliche Voraussetzung für die Stickerei der Sprüche. Damit wurde die Fähigkeit zum Buchstabensticken geschaffen und das Bedürfnis geweckt, das Können auch zu zeigen.

An vielen Schulen fehlte jedoch die Handarbeitsausbildung überhaupt, und an anderen genügte den Müttern die vorhandene nicht. Jedenfalls gab es außerhalb der Schule Handarbeitsunterricht für kleine Mädchen auf privater Basis im Einzel- und auch im Gruppenunterricht (Abb. 14).

14

15a

Abb. 15a
Stickmustertuch von 1901-02, rot gestickte Kreuzstich-Alphabete und -Zahlen
46 x 36 cm

Abb. 15b
Stickmustertuch von 1906, hellblau/blau gestickte Kreuzstich-Alphabete und -Zahlen auf einem lockergewebten Spülläppchen. 33 x 33 cm

15b

Eine Frankfurterin erinnert sich, daß sie 1919/20 regelmäßig in eine private Stickschule ging und dort mit dem altbekannten Spruch »Ohne Fleiß kein Preis«, Knötchen-, Plattstich- und Buchstabenstickerei lernte auf einem Überhandtuch, das als Geschenk für die Mutter gedacht war. Sie hatte diesen Spruch dem anderen zur Wahl stehenden, »Der größte Schatz für einen Mann ist eine Frau, die kochen kann«, vorgezogen, weil er so schön kurz war.
Vermutlich gab es damals einen kräftigen Überhang an Handarbeitslehrerinnen. Es waren ja im Anschluß an die Wiener Weltausstellung 1873 die Stickereischulen förmlich aus dem Boden geschossen: » Als die bedeutendste unter ihnen ist die k.k. Fachschule in Wien zu nennen, die durch die große Zahl der alljährlich in ihr herangebildeten tüchtigen Lehrkräfte, weit über die Grenzen der Kronländer hinaus, eine segensreiche Saat ausstreut. Wie in Wien, so stehen in fast allen größeren Städten Deutschlands, in Berlin, Hamburg, Dresden etc., — auch in St. Gallen, — die Kunststickerei-Schulen mit den Kunstgewerbe-Museen oder mit Vereinen im Zusammenhang, die sich die För-

derung der weiblichen Erwerbsfähigkeit zur Aufgabe gemacht haben. Wir erinnern nur an die Schulen des Frauenerwerb-Vereins zu Dresden, des Badischen Frauen-Vereins in Karlsruhe, an die Frauenarbeits-Schulen in München und Reutlingen, das Kunststickerei-Atelier des Lette-Vereins in Berlin«.[25]

Bei der Gründung solcher Schulen wurde dabei nicht nur an die Ausbildung geschickter Hände und schöpferischer Fähigkeiten gedacht, wie die Eröffnungsfeierlichkeiten der »Alice-Schule« in Darmstadt verdeutlichen. Die Gründer dieser Schule, der »Alice-Verein für Frauenbildung und Erwerb«, erwarteten vielmehr, daß »alle, die hier leitend, lehrend oder lernend zu tun haben, den Geist der Ordnung, der Zucht und guten Sitte, des Fortschritts und der Unterordnung unter das allgemeine Wohl aufrecht erhalten und dahin wirken, daß die Alice-Schule zu einer echten Bildungsstätte wird, die tüchtige Hausfrauen, eifrige Lehrerinnen, fleißige Dienerinnen entläßt, indem sie ihnen das Beste, was eine Schule geben kann, einprägt: Treue nicht nur im Großen, sondern auch für das Kleine. Die heutige Zeit stellt große und vielfache Anforderungen an die wissenschaftliche Bildung der Frau; hier in der Alice-Schule soll die Pflegestätte der stillen, häuslichen Tugenden des Weibes sein, der practische Sinn erweckt, das Auge gewöhnt werden, Ordnung mit Schönheit zu verbinden.«[26]

Diese Mythologisierung der handarbeitenden Frau hat mit dazu beigetragen, daß der Handarbeit lange ein Beigeschmack des Hausbackenen und Stupiden geblieben ist. Das hat es Männern wohl auch verleidet, zu sticken oder zu nähen. Dabei sind all diese Handarbeiten ein Handwerk wie das der Schneiderei, mehr noch, es steht einem Kunsthandwerk, wie dem Goldschmieden, um nichts nach.

Ein anderer sehr wesentlicher Aspekt, der die Stickerei bereits früher in Mißkredit gebracht hatte, war die Handarbeit als »weibliche Beschäftigung höherer Stände«, als Ersatz für Arbeit und nützliche Beschäftigung; davon wird im nächsten Kapitel die Rede sein.

Für und wider die weibliche Handarbeit

Die Nutzlosigkeit der »weiblichen Beschäftigungen«, insbesondere der Arbeitsaufwand für den flächenfüllenden Kreuzstich der Biedermeierzeit und der darauffolgenden Jahrzehnte, brachten zahlreiche zeitgenössische Männer gegen die Handarbeit auf.

Einer der heftigsten Kritiker dieser »weiblichen Künste« war Adalbert Stifter, der in der Erzählung »Feldblumen«, 1850, eine kluge wissenschaftlich gebildete Frau beschreibt, die »eine Menge nicht kann und nicht lernte, was nicht zu können jedes Mädchen Wiens für eine Schande halten würde. Zum Beispiel: Stricken . . . Ferner das Sticken, von dem ihr Lehrer sagte, es sei die sündenvollste Zeitverschwendung; denn das endlich fertige Produkt sei kein Kunstwerk; ist es schön, so ist der Tupf [die Vorlage; Anm. d. Verf.] schuld, nicht die Nachmacherin, meist aber bleibt es hinter dem mittelmäßigsten Gemälde zurück, und kann solches auch seiner Technik zufolge nicht erreichen, kostet aber so viel Zeit und Mühe, daß man mit derselben ein wahrer Künstler in Farben werden könnte — ferner als Geräte dient die Stickerei nicht, da zu viel Zeit und Geld daran haftet, als daß man sie sofort ohne Umstände gebrauchen könnte, und da man Polster, Teppiche u.s.w. sehr gegeschmackvoll haben kann, und um weit geringere Mühe und Preise. Das Machen — und das ist das Traurigste — gewährt auch nicht das geringste Ersprießliche; denn man denke, wie viel schöne Gedanken und Empfindungen könnten in der Zeit durch das Herz der Jungfrau gehen und ihr geläufig werden, während sie zusammengebeugt und eingeknickt die mechanische Arbeit verrichtet und in den gefärbten Wollknäueln wirtschaftet. Ja dieses langsame tote Nachstechen von Form in Form verödet das Herz, und der Geist wird dumpf und leer. Die Nachwelt wird einmal staunen, daß die Töchter der ausgezeichnetsten Geschlechter drei Vierteile ihrer Jugend auf so geistloses Tun verwenden konnten, wodurch ein Zwitterding von Kunstwerk und Luxusstück zu Stande kommt. Das Verdienst daran war eine Million Stiche.

Freilich sagen die Guten: ›Aber es freut uns, solches zu bilden und dann unsrer Hände Arbeit in der lieben Wohnung umher zu erblicken, und uns zu freuen, wenn sie dem Geräte zur Zierde dient, und an den Werken einstens uns in die schöne Jugendzeit zurück zu zählen.‹

›Ihr Lieben, Holden,‹, sag ich dagegen, wenn ihr mir aber vorhalten könntet, es freue euch nun einmal so und nicht anders, und die Freude sei der Zweck, dann widerlege ich euch nicht mehr; denn es muß Leute geben, die an derlei Freude haben, weil sie eine höhere nicht haben können, und ich erinnere mich, einmal mit Rührung einer geistesschwachen Frau zugesehen zu haben, wie es ihr innige Freude machte, viele blaue und grüne Steine auf den Tisch zu zählen, und von ihm auf die Bank, und wieder auf den Tisch und so weiter.«[27]

Selbst die Leipziger Schriftstellerin Elise Polko, Autorin mehrerer Bücher, mit traditionellen Vorstellungen vom Wesen der Frau, findet kritische Worte zu den »Frauenbeschäftigungen«. Ihre Sorge betrifft allerdings weniger die geistige Verkümmerung der Frau, als die Gefährdung der Ehe: In ihrem 1871 erschienenen Bestseller, »Unsere Pilgerfahrt von der Kinderstube bis zum eigenen Heerd«, schreibt sie: »Der Nähtisch ist der Heerd mancher gefährlicher Regung — die Stätte mancher bangen Sorge, der Zeuge mancher stillen Thräne. Am Nähtisch entstand gar oft das erste Bewußtsein ehelichen Unglücks, — die ›unglücksel'ge kleine Nadel‹ hat schon manchen Frieden zerstochen. — Die Einförmigkeit unserer Frauenbeschäftigungen eröffnet dem schlimmsten Feinde des häuslichen Glückes, dem müßigen Grübeln, gefällig Thür und Thor.«[28]

Aus der vergnüglichen Beschäftigung mit einer Handarbeit war im Laufe der Jahrzehnte ein Zwang geworden, »sodaß der Ausgang der Frauen ohne ›weibliche Handarbeit‹ in der Tasche undenkbar war, ja daß selbst in Konzertsälen, wo Frauen zur Unterhaltung bei leicht tönender Musik zusammentrafen, sich tausend fleißige Hände regten.«[29]

Die warnenden Stimmen, selbst aus den Redaktionen der Handarbeits- und Hausfrauenzeitungen gegen den »Götzendienst der Handarbeiten«, wurden um die Jahrhundertwende immer zahlreicher. Erst mit der Hinwendung zum Jugendstil, und der damit verbundenen neuen Einstellung zum Kunsthandwerk (auch zum textilen), fand die Stickerei neue Anerkennung.

1910 erschien ein Buch von Joseph August Lux, »Der Geschmack im Alltag«, mit dem Untertitel »Ein Buch zur Pflege des Schönen«; der Autor schreibt: »Die weiblichen Handarbeiten sind im Hause nicht zu entbehren; die schönste Wohnung ist unwohnlich ohne die vollendete Arbeit zarter Hände, und umgekehrt erhält durch sie auch das bescheidenste Heim den heimlichen Zauber von behaglicher Wohnlichkeit. Von dieser Art Arbeiten wird es in letzter Hinsicht immer abhängen, ob die Segnungen der Kunst dem Hause seine Weihe geben, wie es bis vor kurzem im Bauernhause, und vor Jahrhunderten auch noch im Stadthause der Fall war. Im Interesse des Kulturlebens sind sie also gar nicht zu entbehren. Nur die Methode wird sich gründlich ändern müssen, wenn die »rein mechanische Hand«-Arbeit zur künstlerischen Arbeit geadelt werden sollte.

Es ist natürlich nicht ohne weiteres zu verlangen, daß die »handarbeitenden« Frauen und Mädchen die Muster, die sie ausführen, selbst entwerfen. Dazu bedürfte es einer tüchtigen kunstgewerblichen Schulung. Überdies finden sich da und dort Arbeiten von Kunstgewerblerinnen im Handel, die eine Reform der Handarbeiten unserer Frauen darstellen.«[30]

Die neue Begeisterung für die Stickerei, die uns in den ersten dreißig Jahren des 20. Jahrhunderts so unzählige Wandbehänge, Schutztücher und

Decken bescherte, fand ihren Ausgangspunkt in den Forderungen solcher Theoretiker. Sie gaben der Stickerin ein neues Selbstverständnis, eine neue Sicherheit, wenngleich sich die Forderung nach Stilreinheit und Ästhetik im Sinne des Jugendstils keineswegs allgemein erfüllte: »Nur die Kunstläden [. . .], die Künstlernamen nennen, bieten Gewähr für einwandfreie Erzeugnisse. Der (übliche) Laden liefert die vorgedruckten Streifen, die von der Hausfrau oder der Haustochter ausgenäht werden, alle Schablonen mit plumpen Pflanzenstilisierungen, die lächerlichen Symbole wie gekreuzte Bestecke, kuchentragende Bäcker (Abb. F11), die freundlichen Imperative ›Nur ein Viertelstündchen!‹, ›Guten Morgen!‹ (Abb. F12), ›Mamas Liebling‹, die sich auf den unterschiedlichen Dekken, Tischläufern, Behängen, Schlummerrollen, Handtüchern, Servietten usw. befinden. Ob nun dieselben Gegenstände fertig oder unfertig bezogen werden, sie stehen so ziemlich auf ein und demselben Niveau.«[31]

Es fehlte nicht an Bemühungen, dieses Niveau zu heben. In den 20er Jahren brachte Alexander Koch in Darmstadt eine aufwendige Zeitschrift heraus: »Stickereien & Spitzen für kunstliebende Frauen«. Sie brachte Artikel von und über bedeutende Stickerinnen der Zeit, mit vielen Abbildungen gestickter zeitgenössischer Kunstwerke, eine Mischung aus Theorie und Praxis auf höherer Ebene. Da ist die Rede von der weiblichen Arbeit, der Handarbeit, »die den ganzen Adel weiblichen Tuns unverkennbar mit sich führt: Als Arbeit im Konkreten, als Arbeit am Ausgestalten und Wohnlichmachen, am Ausfüllen leerer Gerüste mit einem Stoff, der seiner tieferen Bedeutung nach wärmeführende Lebensmaterie ist; Fortführung der uralten weiblichen Arbeit an der Begründung weilenden und währenden Daseins, mit dem alle Kultur beginnt und aus dem sie sich immer wieder neu erhebt.«[32]

Diese Zeitschrift bringt auch Beispiele für künstlerische Schriftgestaltung in der Stickerei, etwa die Tüllstickereien von Emmy Zweibrück-Prochaska, das sind Widmungen, Verszeilen, ein Reimspruch auf einer Wiegendecke. Aber diese gestickten Kunst-Objekte stellen eine Ausnahme dar.

Die Stickerei der Sprüche auf Behängen und Schondecken gehört weder zum Bereich der akademischen Kunst noch zur Volkskunst. Sie ist Ausdruck des Schmuckbedürfnisses und des ästhetischen Empfinden des Bürgertums.

Abb. 16
Überhandtuch aus Leinenzwirn-Crêpe um 1900, mit eingewebten Randmustern und geknoteten Fransen, bestickt mit rotem Tambourirstich.
»Behüt dich Gott!«
112 x 48 cm

Abb. 17
Überhandtuch aus Leinenzwirn-Crêpe um 1990, mit eingewebten Randmustern, hellblau/weiße Stiel- und unterlegte Plattstich-Stickerei.
»Der Tag erwacht in seiner Pracht«
116 x 48 cm

17

Über Stoffe, Muster, Stiche

Während der letzten drei bis vier Jahrzehnte des 19. Jahrhunderts, der »altdeutschen« Phase, wurden häufig Filze, Seiden- und Wollstoffe als Grundlage für farbige Woll- vor allem aber Seidenstickereien verwendet. Von diesen Dingen ist im Verhältnis zu den Leinenobjekten nur wenig übriggeblieben, weil diese Materialien anfällig waren. Sie wurden häufig von Motten befallen, und die Farben waren nicht wasch- und z. T. auch nicht lichtecht. Nach einigen Jahrzehnten waren sie verstaubt und verblichen und wurden weggeworfen.

Ein anderes empfindliches, allerdings nicht textiles Material hat sich in größerem Umfang erhalten: sogenannter Papiercanevas, feingelochter Karton, der vor allem für gestickte Wandbilder verwendet worden ist. In die Mitte des Canevas wurde eine Fotografie, eine Chromolithografie, ein selbstgemaltes Bild oder ein geprägtes Zelluloidrelief (siehe Abb. F36) geklebt, verziert mit gepreßten Farnen, trockenem Moos und Edelweiß. Auf der freibleibenden Fläche waren die Zeilen des Spruchs angeordnet. Die 5-7 cm großen Buchstaben waren meist mit Chenillefäden in schwarz, weinrot, oliv und beige aufgelegt und mit Goldfäden garniert.

Die »Illustrierte Frauenzeitung« von 1886 stellt ein solches Canevas-Bild mit der Inschrift »Behüt uns Gott« zum Nachsticken vor. Es ist wie folgt beschrieben:

»Zierliche Malerei und eine leichte Stickweise vereinigen sich überaus wirksam zur Ausführung des vorliegenden Haussegens. Auf Papier-Canevas sind der Contour des theilweise aufgerollten Papierblattes und die Inschrift auf demselben mit schwarzer Seide im Plattstich gestickt. Der scheinbar durch das Papier geschobene Apfelblütenzweig und die kleine Landschaft mit der aufgehenden Sonne sind auf weißen Sammet gemalt, sauber ausgeschnitten und nur mittelst Gummi applicirt. Die Vorlage mißt 35 Cent. Höhe zu 25 Cent. Breite (Bezugsquelle: M. Hache, Berlin, Köpnickerstr. 71)«

Wie diese Vorlage, so wurden auch viele andere Canevas-Bilder vor allem in Berlin produziert, als Stickvorlage mit abgepaßtem Material oder auch als fertiges Bild. F. Fechner's Kunstanstalt, Berlin annoncierte beispielsweise im XVI. Jahrgang der Papierzeitung »Haussegen zum Aussticken«; und im Gesamt-Verlags-Katalog f.d.Dt. Buchhandel wurden 1893 »Fertig gemalte und gestickte Haussegen auf Papiercanevas, 1000 Nrn. in 10 Sprachen« angeboten.[33]

Auch im Katalog des Versandhauses Stukenbrok finden sich 1912 zwei unterschiedliche Haussegen »in verschiedenen Texten, in 5 cm breiten feinen Phantasieleistenrahmen in mahagoni, nußbaum oder grün unter Glas eingerahmt«.

Bis zum 1. Weltkrieg waren diese Papier-Canevas-Bilder sehr verbreitet. Aber sie konnten es nicht aufnehmen mit der Masse der auf Leinen, Halbleinen und Baumwolle gestickten Sprüche; diese Materialien blieben vor allem wegen ihrer Waschbarkeit die üblichste Unterlage für Stickereien.

Für Platt- und Stielstichstickereien — für Weißstickerei ganz allgemein — eigneten sich besonders gut die feinen Leinen- und Baumwollstoffe ohne Struktur, während für alle Sticharten, die auf dem Fadenzählen beruhen, wie Hohlsäume, Durchbruchstickerei, Kreuzstich, Vorstich, Hexenstich, etc., Stoffe mit deutlicher Struktur notwendig waren, grobgewebte Leinenstoffe, oder sehr poröse Materialien, wie Siebleinen, Gitterleinen, Javastoff und Canevas.

Brachte die Industrie neue Textilien auf den Markt, übernahmen die Zeitschriften ihre Propagierung. So 1903 die Hausfrauenzeitschrift »Monika« in einem Artikel über »Moderne Handarbeiten«:

»Eine sehr aparte Neuheit auf dem Gebiete der weiblichen Arbeiten sind die Stickereien auf dem doppelseitig gewebten Aidastoff, dem mille-fleur-, oder Waffel-Kanevas. Ohne das mühsame Abzählen der Fäden ist es bei diesem Stoffe möglich die hübschesten Muster für Decken, Kissen, Portieren, Lambrequins, Wandschoner und dergleichen praktische Dinge rasch und mühelos zu arbeiten.

Eine Menge praktischer und willkommener Geschenke läßt sich aus der neuesten Neuheit in Leinwand, dem sogenannten Patrizier-Leinen herstellen, das in Kreuzstich bestickt wird. Diese Technik ist darauf von wunderbar schöner Wirkung, der Stoff selbst ein äußerst haltbares Leinengewebe, weiß oder grau, mit schachbrettartig gewebten Quadraten. Als Stickmaterial ist Bulgarengarn am empfehlenswertesten, da es sich am schönsten verarbeitet. Derartige Arbeiten wie Tisch-, Kaffee-, Garten- und Serviertischdecken, Läufer, Wand-

Abb. 18
Musterbogen zu Vobachs Handarbeitsheft »Stickereien für die Küche«, 1924
59 x 83 cm

schoner, Plaids, Bettdecken, Staubröcke usw. sind sehr gediegen wirkungsvoll und waschecht«.[34]

Die Industrie kam dem Wunsch der Stickerinnen nach neuen leicht stickbaren Stoffen entgegen, aber auch dem Bedürfnis nach abgepaßter Ware (Abb. F13), die nicht genäht werden mußte und bereits Grundmuster aufwies (Abb. 17), indem sie »Wandschoner über Waschtische in creme und grauweiß, das Mittelstück in Jaquard- und die Kanten in Canevasmusterung« lieferte und »Crepe-Zwirnhandtücher mit Canevasborde«, oder »gemusterte schwere Zwirnhandtücher mit Fransen, weiß, zu Stickereien geeignet«. Im Angebot waren auch Fransenhandtücher (Abb. 16) mit Durchbrucheffekten, die durch Scheindreherbindung erzielt waren.[35] (Siehe Abb. 127)

Die alten Stickmusterbücher, von denen das im Jahre 1597 von Johannes Sibmacher in Nürnberg herausgegebene das einflußreichste gewesen ist, waren durch Jahrhunderte Vorbild für die Stickerinnen in Stadt und Land; aber auf die gestickten Wandsprüche der letzten Jahrzehnte im 19. Jahrhundert war ihr Einfluß nur noch gering. Viel verwendet wurden dagegen die kleinen Stickbüchlein: »Alphabete für die Stickerin« aus der Bibliothek D.M.C. der Stickgarnfirma Dolfuß-Mieg & Cie in Mühlhausen, das »A-B-C der Stickerin«, das auch mit Ornamenten verzierte Spruchvorlagen enthält. Noch weiter verbreitet, weil als Werbegeschenk an die Stickerinnen verteilt, waren die vielen kleinen Leporellos mit Vorlagen für verschiedene Alphabete und kleine Muster.

18

19

Außerdem gab es auch umfassende Serien von Stickmusteralben, wie die von Therese Dillmont herausgegebenen großformatigen Kreuzstich- und Plattstichmappen, die im 20. Jahrhundert durch die Handarbeitsbücher von Beyer und schließlich auch von Vobach Konkurrenz erhielten (Abb. 18).

In der Zeit der »Neuorientierung des Kunsthandwerks« hatte sich zudem ein neuer Beruf herausgebildet, der Beruf der Musterzeichnerin. Sie hatte ihre Ausbildung an einer der vielen Kunstgewerbeschulen erhalten oder arbeitete als Naturtalent bei einem Tapisseristen oder im eigenen Lädchen. Von diesen kleinen Zeichenateliers und den großen und kleinen Handarbeitsgeschäften wurden die meisten Muster bezogen. In den Großstädten München, Wien und Berlin, aber auch in kleineren Städten, gab es davon eine Vielzahl. Im Jahr 1897 waren es allein in Berlin 63 Läden[36]. Inserate in Mode- und Handarbeitszeitungen sorgten für Verbreitung auf dem Lande. Als Beispiel eine Anzeige von 1887 in der »Illustrierten Frauen-Zeitung«: »Das Atelier von Frau Sophie Eisen, Berlin W. Lützow-Straße 83, liefert neue Stickereizeichnungen und übernimmt das Arrangieren der Stickmuster, das Vorzeichnen auf alle Stoffe und das Anfangen jeder Stickerei.«

20

Abb. 19
Inserat des Versandhauses Mey & Edlich in einer Hausfrauenzeitschrift von 1908

Abb. 20
Stickmusterzeitung von 1891
30 x 21 cm

Handarbeits- und Stickmusterzeitschriften, aber auch Mode- und Hausfrauenzeitungen in ihren Handarbeitsbeilagen, boten regelmäßig eine reiche Auswahl von Stickmustern an (Abb. 20). Warenhäuser wie Tietz und Wertheim in Berlin und das »Hamburger Engroslager« führten vorgezeichnete und fertige Stickereien in ihrem Sortiment, und Versandgeschäfte wie Mey & Edlich bei Leipzig hatten eine eigene »Abteilung für vorgezeichnete und gestickte Artikel« (Abb. 19). J. Wiehler, ein Spezial-Versandgeschäft für Handarbeiten in Berlin, bot um 1910 in einem 104seitigen Katalog u. a. 35 vorgezeichnete Objekte mit Sprüchen an, und die »Preisliste über Handarbeiten« der Hamburger Firma WM. Klöpper bestand um 1920 fast zu einem Drittel aus Stickvorlagen mit Sprüchen.

Natürlich fanden sich kritische Zeitgenossen, die solcherlei Vorlagen als »geist- und kunstlos« weit von sich wiesen. Frau Isa von der Lütt, adeliger Abkunft und durch die Liebe (»an Hand eines bürgerlichen Offiziers«) in eine Provinzstadt verschlagen, wollte 1892 in ihrem Buch, »Die elegante Hausfrau«, junge Damen von Stand animieren, die richtigen Quellen zu benutzen: »Zum Beispiel sollten sie sich für eine Stickerei oder Applikation an einem Wandschirm, der ein Renaissance- oder Rokokozimmer schmücken soll, durch den Mann oder durch einen Bekannten aus der betreffenden Stadtbibliothek ein illustriertes kunstgeschichtliches Werk entlehnen, aus welchem sie sich ein wirklich stilechtes Muster abzeichnen können.«[37]

Joseph August Lux, der sich mit seinen Jugendstil-Schriften um das Kunstgewerbe im Bürgerhaus verdient gemacht hat, wollte die eigenen künstlerischen Fähigkeiten der Stickerin belebt sehen. Er schrieb 1905:

»Die weiblichen Handarbeiten [. . .] werden wieder ein Segen sein, wenn die rein mechanische Handarbeit zur künstlerischen Arbeit geadelt ist, was der Fall sein wird, wenn die ›handarbeitenden‹ Frauen die Muster, die sie ausführen, selbst entwerfen auf Grund klarer Erkenntnis der Technik, des Materials und des Zweckes.«[38]

Mit Sicherheit sind trotz dieser und ähnlicher Bemühungen um die Kunst in der Stickerei auch im 20. Jahrhundert die meisten Muster nicht selbst entworfen worden. Bestimmte Schriftzüge und bestimmte Vorlagen kehren immer wieder. Perfekte individuelle Entwürfe sind allerdings nicht als solche zu erkennen. Leichter entlarvt sich das naive selbstentworfene Muster. Da gibt es rührend verzeichnete Figuren, wie Engel, die Marsmenschen mit Schweinefüßchen gleichen (Abb. 21), oder orthografische Fehler: »Gott gebe glückliche Schtunden«. (Abb. F14)

Ursprünglich wurden nur die Muster vorgezeichnet, die nicht auf der Basis des Fadenzählens gearbeitet wurden. Aber zur Zeitersparnis pflegte man im 20. Jahrhundert auch die Kreuzstichmuster mit Pausen zu übertragen und nicht mehr auszuzählen (Abb. F15). Bei groben Stoffen richtete man sich noch nach dem Fadenlauf des Gewebes, bei feinen aber wurde der Kreuzstich unabhängig vom Untergrund gestickt.

Die einfachste Methode war, auf den Stoff farbiges Ölpapier zu legen, darüber das Papier mit der Mustervorzeichnung zu befestigen und mit Bleistift und Stricknadel oder Beinfalz die Linien nachzuziehen. Auf diese Weise ließen sich jedoch nur glatte feste Stoffe zeichnen.

Relativ dünne Stoffe wurden auch vor einer Glasplatte im Gegenlicht gepaust. Die Vorlage und der darübergelegte Stoff wurden mit Klebstoff an der Glasscheibe fixiert und nun die durchscheinenden Linien des Musters mit Bleistift, einer Feder

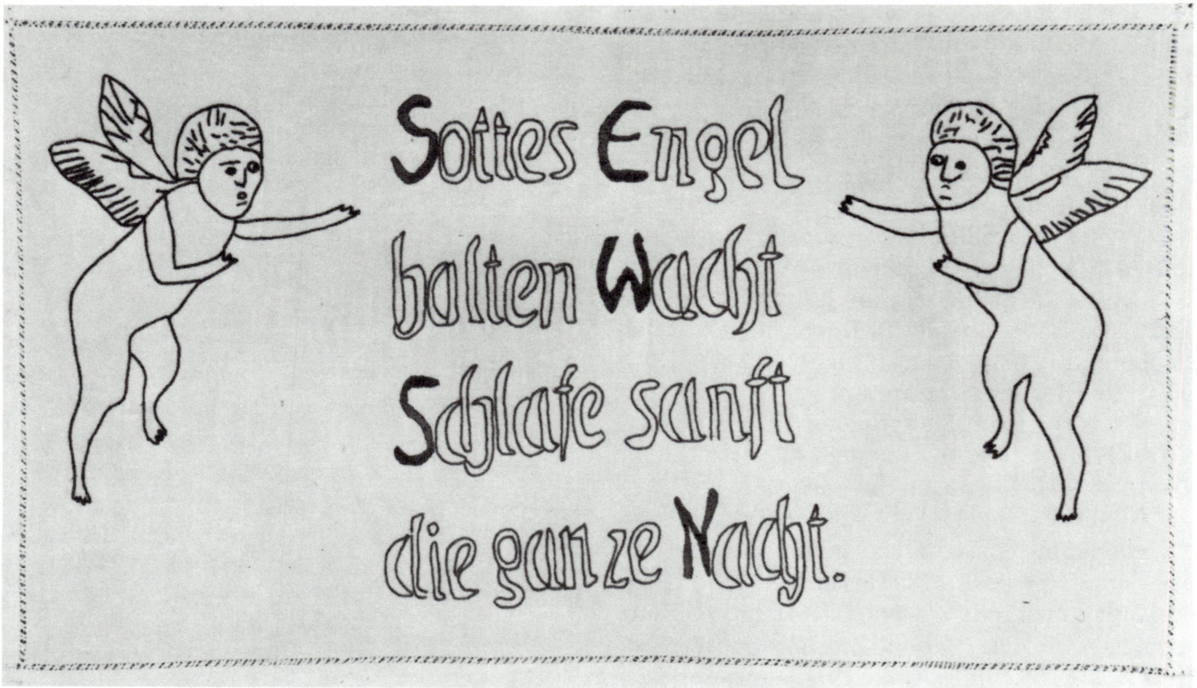

21

22

Abb. 21
Wandbehang mit von der Stickerin selbstentworfenem Muster. In rotem Stiel- und Plattstich auf Baumwolle gestickt, 1910/20. »Gottes Engel halten Wacht schlafe sanft die ganze Nacht«

Abb. 22
Blaupause um 1870
34 x 44 cm

Abb. 23
Lätzchen mit blauem Aufbügelmuster. Schrift teilweise noch unbestickt, um 1900
»Mamas Liebling«
30 x 19

23

23

oder mit einem feinen Haarpinsel und Wäscheblau nachgezogen. (Abb. 22)

Zu Beginn des 20. Jahrhunderts gab es auch schon Aufplättfarbe zu kaufen: »Um das Muster auf den Stoff zu übertragen, löst man etwas Aufplättfarbe mit dünnflüssigem Gummiarabikum auf, legt dann durchsichtiges (geöltes) Papier auf das zu kopierende Muster und zieht alle Striche desselben mittels einer in die Farbe getauchten gewöhnlichen Feder recht stark nach (die Farbe muß dem Muster wie ein Schnürchen aufliegen). Das fertige Muster feuchtet man nun mit einem Schwämmchen ziemlich stark an, legt es — mit der Zeichnung — auf den Stoff und fährt mit einem heißen Plätteisen über das Papier, wodurch sich die Farbe von diesem löst und an dem Stoff haften bleibt (Abb. 23). Die so erhaltene Vorzeichnung erscheint auf dem Stoff seitenverkehrt ... Für Schrift hat man deshalb die Zeichnung zunächst mit Bleistift auszuführen und erst hierauf die durchscheinenden Striche auf der Rückseite mit Farbe nachzuziehen.«[39]

Bald wurden Musterbeilagen der Zeitschriften auch als fertige Aufbügelmuster, mit den genannten hellblauen »Schnürchen« geliefert.

Schwierig war noch immer die Übertragung auf Samt. Dafür verwendete man die alte Methode der Schablone. Zunächst zeichnete man das Muster auf durchsichtigem Papier nach und durchlöcherte dann die Linien auf einer weichen Unterlage mit einer Nadel. Das fertige Muster legte man auf den Stoff und rieb nun durch die Löcher mit einem Mullbeutelchen Kreide auf dunkle und Holzkohlenpulver oder Wäscheblau auf helle Stoffe. Anschließend wurden die Linien noch mit dem Pinsel fixiert.

Für einzelne Buchstaben war der übliche Übertragungsmodus die käufliche Kupferschablone, die mit einfachen und mit komplizierten Monogrammen in den verschiedensten Größen von Max Reich in Breslau, von Johann Merkenthaler in Nürnberg, neben vielen anderen, geliefert wurden.

Die Schablone legte man auf die entsprechende Stelle des Stoffes, fixierte sie mit Stecknadeln und rieb nun mit relativ trockenem Pinsel das Wäscheblau durch die ausgestanzten Linien der Schablone.

1883 war ein »Schablonierstempel« erfunden, der den Pinsel und die Abreibfarbe ersetzte. Es gab jedoch auch schon einen »Monogrammstempel«, der, mit auswaschbarer Farbe verwendet, als Stickvorlage diente oder mit waschechter Farbe das Sticken überflüssig machte.

Zu den Vorarbeiten gehörte, besonders beim

Abb. F13
Überhandtuch um 1900
Leinenzwirn-Crêpe mit eingewebten Musterstreifen, Stickerei in Kett-, Stiel-, Schling- und unterlegtem Plattstich.
»Reinlichkeit das Herz erfreut«
101 x 55 cm

F 13

24

25

Abb. 24
Küchentischdecke mit rot languettierten Kanten. Leinen mit Leinengarn in Stielstich und unterlegtem Plattstich bestickt.
»Sich regen bringt Segen«
55 x 82 cm

Abb. 25
Wandbehang Ende 19. Jhdt.
Stickerei auf Javastoff in rotem Stielstich ausgeführt.
»Köchin spare mit dem Feuer,
denn die Kohlen sind sehr teuer«
Ausschnitt

Buchstaben-Sticken, außer der Musterübertragung oft auch noch das Einspannen in den Stickrahmen. Man benutzte die runde Sticktrommel oder den rechteckigen Stickrahmen, dessen hölzerne Seitenstreben sich verstellen ließen.

Die Handarbeiten aus der zweiten Hälfte des 19. Jahrhunderts waren häufig in Nadelmalerei ausgeführt in den leuchtenden Farbtönen glänzender Seidenfäden auf Filz, Samt und Seide, aber auch auf feinen Leinenstoffen. Die zarte Farbschattierung wurde durch ineinandergreifenden Plattstich mit abgetönten Farbstufen erreicht (Abb. F16, F17).

Der einfachere gerade Plattstich gehörte in den folgenden Jahrzehnten zu den besonders häufig verwendeten Sticharten. Er ist auch einer der gebräuchlichsten Stiche der Weißstickerei (Abb. F.18), die übrigens trotz ihres Namens ebenso in bunten Garnen auf Leinen- oder Baumwollgründen ausgeführt werden kann. Die Buchstaben der Wandbehänge und Tücher sind großenteils farbige unterlegte Plattstichstickereien (Abb. F19)

Typisch für Wandbehänge — vor allem die aus Österreich — sind festonnierte Kanten in runden, spitzen oder Rosen-Bogen gearbeitet (Abb. 24)

Der Stielstich ist häufig in Kombination mit anderen Stichen verwendet worden, um — wie auch der Name sagt — dünne Stiele zu markieren. Er hat aber schließlich als Konturstickerei, die bei wenig Arbeitsaufwand großen Effekt erzielt, begeisterte Stickerinnen gefunden: So lobt die »Illustrierte Frauenzeitung« von 1883 in ihrer Rubrik, »Neue Handarbeiten«, den Stielstich: »Man kann durch eine sauber ausgeführte Contour-Stickerei, besonders bei figürlichen Mustern, zu denen am besten der sich allen feineren Linien anbequemende Stielstich geeignet erscheint, ein in seiner Art ebenso hübsches Werk schaffen, wie durch eine viel complicirtere Stickerei.«[40] (Abb. F20)

Nicht nur für altdeutsche Arabesken und Figuren setzte sich dieser Stich durch, sondern auch für die späteren beliebten Küchenszenen und seiner Einfachheit halber schließlich auch für Schrift. (Abb. 25)

Ähnlich beliebt war der Kettstich, im 19. Jahrhundert auch als Tambourstich sehr fein mit einer speziellen Häkelnadel ausgeführt, später meistens mit der Nähnadel oder auch mit der Maschine (siehe Abb. 122)

Der Kreuzstich ist auf den Wandbehängen und Überhandtüchern nicht mehr der biedermeierliche Flächenfüller. Er ist zum als Kreuz erkennbaren Zierstich geworden. Zunächst wurde er vor allem in der Stickerei von Bordüren und Kanten und für großformatige strenge Schriftzüge (Abb. F 21) eingesetzt, nach 1900 aber auch für stilisierte Blumenranken und sogar figürliche Darstellungen. In den 30er Jahren war er schließlich der meistverwendete Zierstich (Abb. 26).

Applikationsarbeiten (Abb. 27) machen weniger Mühe als alle anderen Arbeiten, daß sie »aber trotzdem auf das Effectvollste wirken«, bescheinigte 1882 eine Frauenzeitung: »Das Verfahren ist einfach genug. Man schneidet nach gutem Vorbilde, oder was noch besser ist, nach eigener Composition, die Stoffstücke aus, aus denen das Ornament zusammengesetzt werden soll. Natürlich muß man die Harmonie der Farben gehörig ausprobiert haben. Dann heftet man die Stücke so auf den vorgezeichneten Grund, daß sie sich nicht loslösen können, und bildet schließlich die umgrenzenden Linien mit Schnur.«[41]

In kleinerem Umfang kamen auch noch sehr viele andere Sticharten für die Behänge und Tücher in Betracht, z.B. Knötchen-, Hexen-, Stepp-, und verschiedene Füllstiche (siehe auch Abb. F31)

F14

Abb. F14
Überhandtuch um 1910/20, das Muster ist von der Stikkerin selbst kombiniert, mit Schreibfehlern im Text: »Gott gebe glükliche Schtunden«.
Baumwolle mit eingewebten Kunstseidestreifen, bestickt in Platt- und Stielstich.
122 x 40 cm

Abb. F15
Überhandtuch um 1910,
Leinen mit Kreuzstich
bestickt:
»Fünf sind geladen,
10 sind gekommen,
Gieß Wasser zur Suppe,
heiß' alle willkommen!«
101 x 62 cm

F15

Abb. 26
Typisches Kreuzstichmuster von 1930, auf einem Überhandtuch aus Baumwolle in verschiedenen Blautönen ausgeführt
»Scherben bringen Glück«
107 x 60 cm

26

Abb. 27
Applikationsarbeit um 1905, rote Kattunornamente auf einer Serviertischdecke aus ungebleichtem Leinen. Weiße Schnurstickerei an den Rändern. »Wohl bekomms« 84 x 62 cm

27

Abb. F16 →
Tischläufer um 1870/80, Leinen mit Hohlsaumkanten, mit Seide in schattierter Plattstich-, Stiel-, Knötchen- und Hexenstich-Stickerei verziert. »Trink und iß, Gott nicht vergiß« 41 x 154 cm, Ausschnitt

Abb. F17 →
Überhandtuch, Ende 19. Jhdt., Leinenzwirn-Crêpe mit gemusterten Rändern und geknoteten Fransen, schattierte Plattstichstickerei, Schrift in unterlegtem Plattstich. »Guten Morgen« 118 x 59 cm, Ausschnitt

F16

F17

58

28

Gestickte Sprüche im Haus

Abb. 28
Bettdecke aus der Schwalm von 1915, mit Häkeleinsätzen und rot/weißem Stiel-, Platt- und Hexenstich verziert.
»Behüt' dich Gott«
175 x 190 cm

Abb. F18 →
Nachttischdeckchen mit Weißstickerei, um 1900, Leinen mit cordonnierter Bindloch- und unterlegter Plattstichstickerei.
»Froh erwache jeden Morgen«
43 x 43 cm

Abb. F19 →
Wandschoner, um 1905, Rosette und rosa Schrift in stark unterlegtem Plattstich, übrige Stickerei in Stielstich. Inschrift: »Morgenstund hat Gold im Mund«
54 x 86 cm, Ausschnitt

Im Jahre 1905 erschien eine treffende Glosse mit dem Titel »Schmücke Dein Heim« in der Hausfrauenzeitschrift »Dies Blatt gehört der Hausfrau«. Der Autor zieht gegen die Wucherungen der Sprüche zu Felde.

»Eine besondere Krankheit des guten Geschmackes ist die Manie, alles mit Sprüchen zu verzieren. Wir treten in ein kleines Haus, über dessen Tür steht ›Klein aber mein‹, und von dem Schuhabstreicher aus Kokosfasern begrüßt uns schon der nächste Spruch: ›Willst du der Hausfrau nutzen, so bitte abzuputzen!‹, was wir jedoch bald über der Warnung, die brandgemalt über der Korridortüre droht, vergessen: ›Laß es dich nicht verdrießen, die Türe leise zu schließen!‹ Du kannst es dir nicht versagen, einen Blick nach der Küche zu werfen. — Wandbretter, Küchentücher, Kastenstreifen, Wandschoner, alles Produkte des häuslichen Fleißes und der Spruchmanie. Auf der Salzdose: ›Arbeit, Mäßigkeit und Ruh, schließt dem Arzt die Türe zu‹, auf dem Tellertuch: Erst besinn's, dann beginn's!, auf dem Handtuch ›Rein gehalten deine Hand, rein gehalten das Gewand!‹ Auf dem Wandschoner und den Kastenstreifen ist Schillers Glocke zur Hälfte zu lesen. Im Eßzimmer winken von allen Wänden Begrüßungen und Verhaltensmaßregeln für den Gast in Versform, vom Tischläufer das Tischgebet: ›Komm lieber Herr, sei unser Gast‹ usw. Nachdem du auf dem Chaiselongue noch die schöngestickte Inschrift: ›Ein gutes Gewissen ist das beste Ruhekissen‹ gelesen hast, stürzest du fort, aber nicht, ohne vorher mit Kreide an die Zimmertür geschrieben zu haben: ›Allzuviel ist ungesund.‹[42]

Die Frauen des gehobenen Bürgertums der 70er und 80er Jahre hatten Prunkhandtücher, Decken und Behänge mit Motiven und Sprüchen der Renaissancezeit bestickt. Im ausgehenden 19. und beginnenden 20. Jahrhundert aber schmückten besonders die Kleinbürger- und Arbeiterfrauen ihre Wohnung mit gestickten Sprüchen, während das gehobene Bürgertum die Sprüche bereits wieder verworfen hatte und den nobleren Handarbeiten den Vorzug gab.

In den Arbeiterwohnungen und bescheidenen Stuben der Heimarbeiterinnen war das selbstgestickte waschbare Bild, der gestickte Spruch, beliebt aus begreiflichen Gründen. Die Sprüche kommentieren aber auch aufs Makaberste die wirtschaftliche und soziale Notlage der damaligen Unterschicht. Dazu erzählt F. Koberstein, der aus Anlaß der 1925 in Berlin stattfindenden Heimarbeiterausstellung »Die Lage der Handweber des bayerischen Fichtelgebirges« beschreibt, von einer Handweberfamilie in Marktleugast, deren Wohnstube alles in einem war: Küche, Werkstätte und Wohnraum: »An der Wand hing ein schöner Sinnspruch:

Halte stets dein Herz bereit
Stunden kommen voll von Leid
Stunden voll Glückseligkeit
Und zuletzt die Ewigkeit.«[43]

Auch auf Fotografien, die für diese Ausstellung in Berlin bei Heimarbeitern gemacht worden sind, kann man gestickte Sprüche an den Wänden entdecken, als Beispiel das Foto mit Stickerinnen in Sohl im Vogtland (Abb. 29).

Auf einem anderen Bild aus Gelenau im Erzgebirge kettelt eine Mutter mit ihren beiden Kindern Strümpfe; an der Wand im Hintergrund sieht man einen Spruch hängen, den sie vermutlich selbst gestickt hat:

Zufriedenheit im Heim
ist der Ehe Sonnenschein.[44]

F18

F19

Abb. 29
Arbeits-, Wohn- und Kochraum einer Heimarbeiterfamilie im Vogtland, 1925. Links an der Wand hängt ein gestickter Spruch: »Streut Blumen der Liebe zur Lebenszeit Bewahret einander vor Herzeleid«

In ländlichen Gegenden waren diese gestickten Behänge nicht nur bei den Heimarbeitern, sondern auch im bäuerlichen Bereich bis in die jüngste Zeit hinein verbreitet, wie Aufkäufer zu berichten wissen. Hier war zuvor schon jahrhundertelang der Spruch als Inschrift an Haus und Gerät gepflegt worden. Er war allerdings auch damals nicht im bäuerlichen Bereich entstanden, sondern als gesunkenes Kulturgut (mittelalterliche Spruchdichtung, z.B. Freidank) vom Pfarrer und vom Lehrer verbreitet worden.

Die Ausgestaltung der bestickten Tücher entspricht in der Regel nicht traditionsreichen Mustern, sondern gleicht den Stickereien der Stadthaushalte. Die Vorlagen stammten schließlich überwiegend aus den gleichen Modeverlagen.

Nur selten sieht man die städtische Mode integriert in traditionelle bäuerliche Stickerei. Nicht überraschend ist, daß das hier gezeigte Beispiel (Abb. 28) — eines der wenigen unter mehr als 750 Objekten — aus einem Gebiet lange intakt gebliebener Traditionen stammt, aus der Schwalm nämlich. Es handelt sich dabei um eine Bettdecke von 1915, deren kleinmustrig verziertes Mittelstück im vorderen herunterhängenden Querstreifen ganz in der Art eines Überhandtuchs bestickt ist: in rotem Stielstich ausgeführt steht der Spruch »Behüt dich Gott« in einem Blätterkranz; die Initialen und die Jahreszahl sind dazugestickt, wie bei bäuerlichen Stickereien üblich.

Die gestickten Sprüche waren in den unterschiedlichsten Regionen des deutschsprachigen Raums verbreitet, unterschieden sich wegen der einheitlichen Vorlagen jedoch relativ geringfügig. Beispielsweise verwendete man in Österreich nur wenig Überhandtücher, dafür umso mehr querformatige Wandbehänge mit festonnierten Kanten. In Oberbayern stickte man gern Trachtenfiguren mit einem Spruch im Dialekt (Abb. F22). Aber selbst solche Darstellungen waren nicht regional gebunden, weil sie schon Ende des 19. Jahrhunderts manchmal als Reiseandenken in norddeutsche Zimmer gelangten.

Die Umsiedlungsbewegungen nach dem Zweiten Weltkrieg und der gegenwärtige, keine Grenzen kennende Flohmarkthandel, haben die geringen Unterscheidungsmöglichkeiten noch mehr eingeschränkt.

29

Erwähnt sei noch, daß auch in anderen europäischen Ländern die gestickten Sprüche als Wandschmuck Verwendung fanden. So befinden sich in der vorliegenden Sammlung auch einige Tücher bestickt in englischer, holländischer, schwedischer, ungarischer und kroatischer Sprache. Über die tatsächliche Verbreitung liegt nur in ungarischer Sprache ein Ausstellungskatalog von 1981 vor.

Mit den nun folgenden Punkten wird vorgeführt, wie die Aufforderung „Schmücke Dein Heim!« in die Tat umgesetzt worden ist. Nach Auskunft von Joseph August Lux hingen die gestickten Sprüche in den Wohnungen der Angehörigen aller Gesellschaftsschichten, aber vor allem wohl des Mittelstandes.[45] Im einzelnen soll gezeigt werden, wie die gestickten Sprüche auf die verschiedenen Räume im bürgerlichen Haushalt verteilt waren, wie und wo sie hingen. Diese Angaben stützen sich auf die Beschreibungen ihrer Vorbesitzer und auf die unzähligen Hinweise in den Hausfrauen-Ratgebern und Hausfrauenzeitschriften.

Abb. 30
Waschständer mit besticktem Handtuch von 1884

30

Mein Heim ist meine Welt

Das Wohnzimmer

Das Wohnzimmer im Renaissancestil entsprach im ausgehenden 19. Jahrhundert den Idealvorstellungen der Zeit. Auf Kunstgewerbeausstellungen, etwa auf der „Bairischen Landesausstellung zu Nürnberg 1882«, war ein komplettes Renaissancezimmer aufgebaut, in dem das berühmte Getäfel aus dem Haus des verstorbenen Baron Bibra zur Aufstellung gelangte. Die »Illustrierte Frauen-Zeitung« beschreibt detailliert: »Hier fand unter anderem Platz eine Wanddecke mit bunter Stickerei auf Leinen, eine reiche Renaissance-Bordüre umgiebt hier eine edle weibliche Figur, Bänder und Festons bilden reizvolle Verschlingungen. Der Wandschirm zeigt eine effectvolle Buntstickerei auf dunkelblauem Atlas. Das Handtuch über der für solches bestimmten Rolle des alten Getäfels ist ebenfalls eine bemerkenswerte Arbeit. Besonders gelungen aber erscheint die große Decke auf dem Tisch in der Mitte des Zimmers.«[46]

1885 stellt die »Illustrierte Frauen-Zeitung« ein solches Zimmer im Bild vor (Abb. 31).

Wohnzimmer dieser Art sind selbstverständlich eine Ausnahme gewesen. Viel häufiger imitierte man die Hart- und Edelholzverkleidung der Wände durch eine schlichte Weichholzverkleidung bis in die Höhe der Fensterbänke, die man mit Bierlasur in Holzimitation braun strich. Den Wunsch, mit geringen Mitteln ein relativ echtes Renaissance-Zimmer zustandezubringen, erfüllte die aufblühende Möbelindustrie. Die Möbel waren jedoch empfindlich, und da man ohnehin übersteigerte Repräsentations-Bedürfnisse hatte, funktionierte man das Wohnzimmer einfach zum Salon um, den man nur ausnahmsweise benutzte. Bei Besuch oder an hohen Feiertagen zog man die weißen Schutzbezüge von den olivgrünen oder bordeauxroten Samtpolstern und legte gestickte Decken und Deckchen auf. Werktags aber wohnte man in der Küche; für die Arbeiterfamilie gab es ohnehin keine Alternative, der Wohnraum diente gleichzeitig als Arbeits-, Eß- und Kinderschlafzimmer, mitunter auch noch als Küche.

F20

Abb. F20
Überhandtuch mit Stielstichsickerei, um 1880, Halbleinen mit eingewebten Querstreifen.
»Froh erfülle Deine Pflicht«
116 x 60 cm, Ausschnitt

Abb. F21
Überhandtuch mit großer Kreuzstich-Schrift, um 1870/80 Halbleinen mit eingewebten Querstreifen.
»Dein Haus sei Deine Welt, darin es Dir gefällt«
124 x 55 cm

F21

Vermutlich sind die meisten Wandsprüche für diese Wohnküchen und »Familienzimmer« gestickt worden, über die in einem »Handbuch des Wissenswürdigsten im gesamten Wirken und Schaffen der Hausfrau«, 1891, berichtet wird. Die Autorin schreibt, daß in diesen »Familienzimmern unsere Tage verfließen. Dies gilt insbesondere für uns Frauen, die wir sowohl durch Neigung, wie durch unseren hausfraulichen Beruf mehr oder minder alle an unser Heim gefesselt werden. Doch auch die Kinder verbringen einen großen Teil ihrer Zeit in dem Familienzimmer und so ist es schon um ihretwillen zu wünschen, daß es einen ebenso gesunden wie angenehmen Aufenthalt biete.

In den Kreisen der Begüterten, wo Herr und Frau, gleichwie die heranwachsenden Kinder, jedes ihr eigenes Zimmer haben, wo ein besonderes Speisezimmer vorhanden ist, da spielt das Wohngemach nur eine untergeordnete Rolle, ja es mangelt oft gänzlich, da ein kleinerer Salon seine Stelle vertritt und die Beschäftigung der Hausfrau auch gewöhnlich eine andere ist. Beim Mittelstande, bei dem echten Bürgertume hingegen ist es ein anderes, da kann man unbedingt behaupten, daß es der Schauplatz ist, auf welchem sich das häusliche Leben der Familie abspielt.«[47]

In ein solches Wohnzimmer gehörten ein zentraler Tisch mit einer Reihe gepolsterter Stühle — je nach Anzahl der Familienmitglieder —, vor allem aber eine bequeme Ottomane oder ein großes Sofa, ein Sessel für den Vater, ein Nähtisch für die Mutter, ein Schrank und einige Tischchen. »Ferner soll ein Schreibtisch darin stehen, an welchem die Hausfrau ihre schriftlichen Arbeiten (Abb. 32) besorgen und der Hausherr, wenn er kein eigenes Zimmer sein eigen nennt, Briefe schreiben kann.[47]

Abb. 31
Wohnzimmereinrichtung im Renaissancestil von 1885. Im Hintergrund sind der wasserspeiende Delphin und das Handtuch an der Rolle zu erkennen.

31

Abb. 32
Wirtschaftsbuch Ende 19. Jhdt., Naturleinen mit rotem Stielstich und unterlegtem Plattstich bestickt. »Wirtschaftsbuch« 32 x 17 cm

Um die Ausschmückung dieses Zimmers braucht man um geeignete Dinge nicht in Verlegenheit zu sein. Hübsche Stickereien, eine geschmackvolle Decke über den Tisch, kleine Nippsachen, Statuetten, einige Ölgemälde oder gute Kopien, ein oder mehrere Vögelchen in einem zierlichen Bauer, und vor allen Dingen Blumen.«[48]

Damit ist der Rahmen, in dem man sich die gestickten Behänge und Decken im Wohnzimmer vorzustellen hat, abgesteckt.

Auf dem Tisch lag eine Decke mit schmalen oder breiten Bordüren, bestickt mit folgenden oder ähnlichen Sprüchen:

Frohe Augen rings im Kreise
Herzliche Vertraulichkeit
Frischer Scherz in feiner Weise
Wie verrint so schnell die Zeit

Wer ist Meister? Der was ersann.
Wer ist Geselle? Wer was kann.
Wer ist Lehrling? Jedermann.

Die Wand hinter dem Diwan oder der Ottomane, die nur Seitenrollen aber keine oder nur eine niedrige Rückenlehne hatte, bedurfte des Schutzes. Der Hausfrau bot dieser großformatige Wandbehang eine willkommene Gelegenheit, ihren Gefühlen für ihr Heim dichterischen Ausdruck zu geben. Zum Thema »Heim« als bewahrender Hort gab es unzählige Variationen, und ein häufig anzutreffender Spruch war

Trautes Heim, Glück allein

und viele andere:

Mein Heim — mein Paradies

Hab auf der Welt die schönsten Stunden
doch nur in meinem Heim gefunden.

Mag draußen die Welt ihr Wesen treiben
Mein Heim soll meine Ruhstatt bleiben.

Das schönste auf dem Erdenrund
ist trautes Heim auf festem Grund.

Mein trautes Heim ist meine Welt,
Daran ich mich erfreue.
Als Wächter hab' ich mir bestellt
Die Liebe und die Treue. (Abb. F.23)

Mein Haus ist meine Welt

Ein jeder Vogel baut sein Nest
Ein eigen Heim ist's allerbest.

32

Und mit dem Begriff »Heim« verband sich eine Fülle von Gefühlsinhalten, vor allem Frieden, Liebe und Glück:

Daheim im stillen Haus, dem Weltgetriebe fern,
Erblüht des Himmels Segen, erstrahlt des Glückes Stern.

Mein Heim in Frieden mag Gott behüten

Im eigenen Heim bei Kind und Weib
ist Sorge und Mühe Zeitvertreib.

O trauliche Stätte, o heimischer Herd
wie bist du dem deutschen Gemüte so wert.
Des menschlichen Schaffens uredelster Keim
er liegt in dem einzigen Wörtlein: Daheim.

F22

F23

Abb. F22
Überhandtuch mit »Seppl«, Ende 19. Jhdt., Leinenzwirn-Crêpe mit gemusterten Kanten und Stielstich-stickerei in Kombination mit vielgestaltigen flächen-füllenden Stichen. Hohlsäume. »Habt's a Schneid« 114 x 49 cm, Ausschnitt

Abb. F23
Wandbehang von 1908, Javastoff mit Kattunkante, bestickt mit Stielstich. »Unser Kaiser 1848-1908« 59 x 92 cm

33

Wenn du im Herzen Frieden hast
Wird dir die Hütte zum Palast.

Gott schütze unsern Bund,
auch unser trautes Heim,
und lasse uns auf Erden
in Treue glücklich sein.

Eintracht gibt Macht. (Abb. F25)

Gab es statt der niedrigen Ottomane oder des flachen Diwans ein hochlehniges Sofa (Abb. 33), so brauchte nicht die Wand, wohl aber mußte die Lehne geschützt werden. Diese Schondeckchen und -decken, die auch für Lehnstühle gefertigt wurden, hießen »Antimakassars«. Sie wurden nämlich zum Schutz der Polster gegen das »Makassar-Öl« verwendet, wie man ein einst viel benutztes parfümiertes, rot gefärbtes Haaröl nannte. Die Herren brachten damit ihren Frisuren elegante Glätte und den Lehnen speckigen Glanz.

Diese Antimakassars für die Sofalehnen waren schmale Streifen, die in Kopfhöhe angebracht waren. Oft waren einzeilige Sprüche eingehäkelt oder daraufgestickt:

Vertrau auf Gott (Abb. 34)

Gott schütze Dich (Abb. 33)

Der Herr ist mein Hirte

Es ist noch eine Ruhe vorhanden.

Auf den kleinen Decken für die Lehnstühle kehrten die kurzen Sprüche vom »Trauten Heim« wieder, aber auch so Markiges wie

Stark sein im Schmerz (Abb. 35)

Der hier abgebildete Spruch wurde 1915 für einen Kriegsinvaliden gestickt, der ihn als heroischen Leitsatz des Kaisers Wilhelms II., besonders schätzte. Der Kaiser selbst ließ es bei solchen Parolen bewenden, er betrachtete von seinem Schreibtisch im Jagdschloß Rominten aus die hehren Sinnsprüche, die die Wände zierten.

Kaiser und Vaterland fanden ihren Widerhall in der Wohnzimmer-Dekoration, besonders wenn kein Herrenzimmer vorhanden und die Welt des Mannes in das Wohnzimmer integriert war. Kaiser-Gedenkbilder waren sehr beliebt, zum Beispiel als Papiercanevas-Stickerei mit Fotolithographie vom frühverstorbenen Kaiser Friedrich, umkränzt von Farn, Moos und Edelweiß mit den gestickten Worten:

Dem deutschen Vaterland starbst Du zu früh,
Dein deutsches Volk vergißt Dich nie,

oder abgewandelt mit einem Portrait des bayerischen Königs Ludwig:

Dem Bayernvolk starbst Du zu früh,
Dein treues Volk vergißt Dich nie

Auch Bebel und Liebknecht — wenn auch viel seltener — gab es auf Papiercanevas, die Protraits umrahmt vom Kampfruf:

Wir wollen den Frieden, Freiheit und Recht,
Dass niemand sei des anderen Knecht,
Dass Arbeit aller Menschen Pflicht,
Und niemand es an Brot gebricht!

Und Kaiser Franz in rotem und blauen Stielstich als Jäger im Trachtenanzug gestickt, steht österreichisch-gemütlich neben der Inschrift:

Unser Kaiser — 1848-1908 (Abb. F23)

Für Kaiser und König wurden Gedenkbilder, für die Reservisten Erinnerungsbilder gestickt. Unter oder neben einem kleinen Kaiserportrait befand sich das Foto des Reservisten, umkränzt von Farn und Moos, flankiert von Fahnen in den Landesfarben. 6-7 cm große Buchstaben gelobten:

Ruft einst das Vaterland uns wieder
als Reservist als Landwehrmann
So legen wir die Arbeit nieder
und folgen treu der Fahne dann

darunter

Zur Erinnerung an meine Dienstzeit.

Abb. 33
Wohnzimmer mit Einrichtung aus der Zeit um 1900 (Foto von 1915). An der Sofalehne ist ein gehäkeltes »Antimakassar« zu erkennen mit der Inschrift »Gott schütze dich«

Abb. 34
»Antimakassar« 1900/1915, für die Sofalehne aus Leinengarn gehäkelt. »Vertrau auf Gott« 33 x 120 cm

Abb. 35
»Antimakassar« um 1910, feiner Aidastoff mit mehrfarbigem Kreuzstich bestickt. »Stark sein im Schmerz« 22 x 33 cm

34

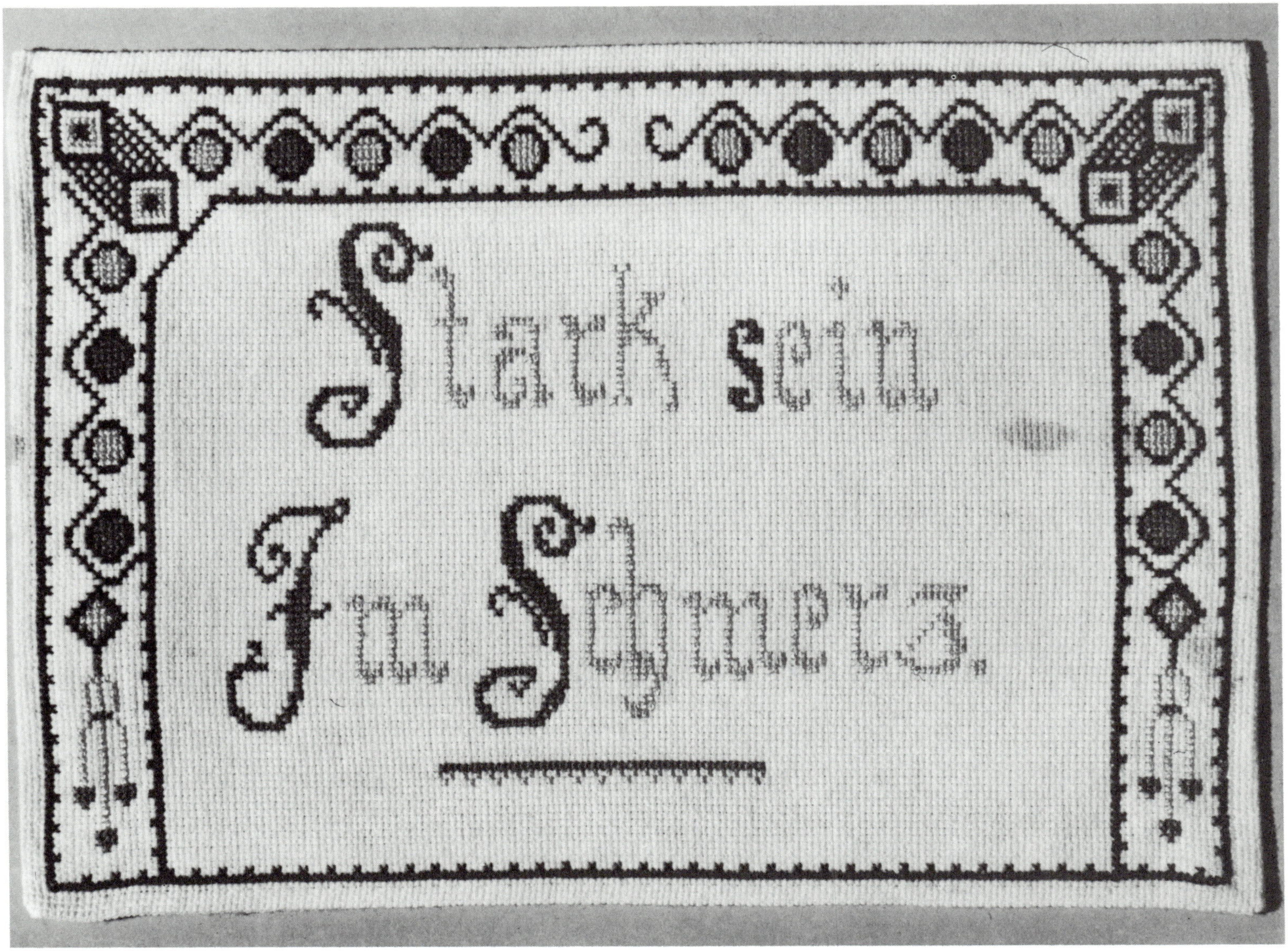

35

36

Abb. 36
Kissenhülle von 1914-18, Leinen mit rotem Stielstich bestickt
»Heil dir im Siegerkranz«
35 x 48 cm

Abb. F24
Wandbehang um 1910, Baumwolle mit blauem Kattunbesatz. Stielstich- und Plattstichstickerei. Schrift mit Leinengarn in unterlegtem Plattstich ausgeführt:
»Der Mensch braucht ein Plätzchen,
und wär's noch so klein,
von dem er kann sagen,
sieh das ist mein,
hier leb ich hier lieb ich,
hier ruhe ich aus,
hier ist meine Heimat,
hier bin ich zuhaus.«
52 x 80 cm, Ausschnitt

Während des 1. Weltkrieges fertigten einsame Frauen in euphorischer Kriegs-Begeisterung viele Stickereien für's Wohnzimmer. Unser Beispiel ist ein Kaiser-Wilhelm-Portrait in rotem Stielstich ausgeführt: Der überdimensionale Kaiser im Lorbeerkranz, darunter eine Gruppe stürmender Soldaten und der Ruf: Heil dir im Siegerkranz! (Abb. 36).

Außerdem eine Kissenplatte mit eingewebten schwarz/weiß/roten Streifen, gekreuzten Deutschlandfahnen und dem Satz ›Heil und Sieg - 1914-18‹ (Abb. 37), ein Tablettdeckchen mit einem historischen Krieger und dem gestickten Schlachtruf daneben: ›Hurra! Hurra! es ruft das Vaterland‹ (Abb. 38).

Aber noch öfter stickten in dieser Zeit Frauen in trauriger Resignation solche und ähnliche Verse:

In diesen Schicksals schweren Tagen
Wo alle Lieben von uns gehen,
Ist nur der eine Trost geblieben,
Die Hoffnung auf ein Wiedersehen
Erinnerung 1914 (Abb. 40)

Nach langer Trennung vom trauten Heim
Kehrt mancher froh zu seinen Lieben heim,
Was er geseh'n, gelitten in der Zeit
Bleibt in Erinnerung ihm in Ewigkeit
1914-16

Lieber Gott mit gütger Hand
Behüt' unsern Vater im Feindesland!
1914-1

Diese letztgenannte Stickerei wurde nie zu Ende geführt, denn der Tod war dazwischen gekommen.

Speziell für den Vater gab es daneben auch Stikkereien, die nichts mit dem ersten Mann im wilhelminischen Staate, sondern mit der eigenen patriarchalischen Rolle in der Familie zu tun hatten. Da sind Sofakissen mit Aufschriften, die das Bild vom Vater, beim Mittagsschlaf schnarchend, wachrufen, während die übrigen Familienmitglieder auf Zehenspitzen schleichen: »Halts Mündchen, Papa schläft ein Viertelstündchen«, oder »Rast ein wenig«, »Laß mich in Ruh« oder auf Bayrisch: »Mei Ruah will i ham«.

sch braucht ein Plätzchen, u
och so klein, von dem er kan
eh das ist mein, hier
lieb ich hier ruhe ic
neine Heimat hier bin ich

F24

37

38

Abb. 37
Kissenhülle 1914-18, Aidastoff mit schwarz/weiß/roten Satinstreifen, bestickt mit schwarz/weiß/rot/gelben Kreuzstichen.
»Heil und Sieg 1914-18«
35 x 50 cm

Abb. 38
Leinendeckchen um 1915, verziert mit roten Languetten und rot/blauem Stiel- und Plattstich.
»Hurra! Hurra! es ruft das Vaterland.«
28 x 36 cm

Abb. 39
Doppelter Behälter für Wolle und Baumwolle, um 1910, rote Kattuneinfassung und Stickerei in rotem Stielstich auf Baumwollköper
41 x 32 cm

39

F25

Wandbehang 1905/15,
Leinen mit Languetten und Stiel- und Plattstich-Stickerei.
»Eintracht gibt Macht.«
61 x 78 cm

Abb. F26
Decke für den Vogelkäfig, letztes Drittel 19. Jhdt., Leinen bestickt mit Stiel- und Plattstich.
»Gute Nacht Hännschen«
72 x 72 cm, Ausschnitt

F26

40

Abb. 40
Wandbehang, 1914, Baumwollsatin mit rotem Posamentbesatz und roter Stiel- und Plattstichstickerei.
»In diesen Schicksals schweren Tagen
Wo alle Lieben von uns gehen,
Ist nur der eine Trost geblieben,
Die Hoffnung auf ein Wiedersehen.
Erinnerung 1914«

41

Abb. 41
Wandbehang aus der Wohnstube einer Bergarbeiterfamilie, Anfang 20. Jhdt., Baumwolle mit rot/rosa Stiel- und unterlegtem Plattstich.
»Glück auf«
46 x 78 cm

Da waren Zeitungshalter mit der Aufschrift »Journal« oder »Zeitung« und Jägersprüche:

Dies ist des Jägers Ehrenschild,
daß er beschützt und hägt sein Wild

Lang zielen tut äffen,
besser, schnell treffen.

Es lebe, was auf Erden stolziert in grüner Tracht,
Die Felder und Wälder, die Jäger und die Jagd.

Zuweilen kamen auch Wandbehänge vor, die mit dem Beruf des Vaters zusammenhingen, etwa ein gestickter Bergmann mit dem Gruß »Glück auf!« (Abb. 41)

Für die Mutter hing eine Wandtasche mit der Aufschrift »Bürsten« im Wohnzimmer und neben ihrem Nähtischchen am Fenster oft ein Beutel für »Wolle« oder »Garn« (Abb. 39). Hier, an diesem »traulichen Arbeitsplätzchen darf die Hausfrau schöne Handarbeiten in Fülle anbringen, mit deren allzugroßer Verschwendung man sonst recht vorsichtig sein muß. Der Stuhl darf ganz gestickte Polster haben, oder hübsche farbige Kissen, das Tischchen sei mit einer recht kunstvollen farbigen Decke bedeckt, auch der Arbeitskorb.«[49] Darauf »Immer emsig« oder »Rühr munter die Hände«.

Selbst der Vogel im Käfig hatte eine Decke mit Inschrift für die Nacht: »Gute Nacht Hännschen« (Abb. F26), »Gute Nacht Mätzchen«.

Im Gästezimmer und in der Dienstbotenkammer hingen Sprüche, die aus Schlafzimmer und Wohnzimmer bekannt sind, oft mit religiösen Inhalten. Im Salon aber — da waren sich alle Hausfrauen-Ratgeber einig — sollten wenig Stickereien und gar keine Sprüche angebracht werden, weil das dem »vornehmen Charakter des Salons« nicht entsprochen hätte.

Schlafe wohl und träume süß

Das Schlafzimmer

Die Hausfrau fand für ihre Stickereien im Schlafzimmer einen besonders geeigneten Raum. Einerseits bestand hier ein echter Bedarf an Wandbehängen und Tüchern, andererseits wurde im Schlafzimmer üblicherweise nicht soviel anderer Zierrat wie in den übrigen Räumen der Wohnung verwendet. Außer einigen Familienfotos hing im Schlafzimmer der vermögenden Familien meist nur ein schlichtgerahmter Stich am Kopfende des Bettes, im einfachen Haushalt ein sogenannter Öldruck mit Christus, bei Katholiken Schutzengel- oder Madonnendarstellung und ein Kreuz. Die übrigen Wände waren oft frei. — Dazu kam noch, daß Haushaltungsbücher und Hausfrauenzeitschriften die Frauen ständig vor einem Zuviel an Stickereien in ihren Wohnräumen warnten, aber das Schlafzimmer als den geeigneten Platz für diese Dinge ansahen; vielleicht weil sie hier für den Fremden nicht sichtbar waren.

So ist es kein Wunder, daß nahezu jedes textile Objekt im Schlafzimmer mit Handarbeiten verziert wurde. Und es gab viel Textiles in diesem Raum! Der Bedarf an Wandschonern und Behängen ergab sich aus der Einrichtung des Schlafzimmers und aus den Vorstellungen, die man im letzten Drittel des 19. Jahrhunderts vom gesunden Schlafen hatte.

Das Illustrierte Haushaltslexikon von 1884 forderte von einem guten Schlafzimmer: »Dasselbe muß geräumig, hoch, mäßig warm, trocken, ruhig und mit reiner, trockener Luft angefüllt sein. Es soll womöglich gegen Morgen oder Mittag und fern von feuchten, dumpfen, stinkenden Lokalitäten liegen. Die Luft desselben darf weder durch übelriechende Ausdünstungen (von vielen Personen in einem Zimmer, unreiner Wäsche, Nachtgeschirr, Oel- und Kerzenlicht, Ofendunst), noch durch Wohlgerüche von Blumen verdorben, sondern muß stets rein und frisch erhalten werden. Die Luft im Schlafzimmer ist auch während der Nacht zu erneuern, weil das Lüften am Tage nicht ausreicht. — Andererseits darf man aber auch nicht in der Nähe offener Fenster, zugiger Thüren oder kalter Wände schlafen.«

Um die gefürchtete kalte Luft abzuhalten,

stickte die Hausfrau Fenstermäntel, die das untere Drittel der Fenster bedeckten. Ließ sich die Lage der Bettstellen an der kalten Außenwand absolut nicht vermeiden, so wurde in der Länge des Bettes ein Wandbrett angebracht, oder eine bestickte Stoffbahn von gleichen Ausmaßen an kleinen Beinringen hinter das Bett gehängt. Gleichzeitig waren diese Wandbehänge auch Schondecken für die empfindlichen Tapeten. Diese waren im letzten Drittel des 19. Jahrhunderts zumeist dunkelfarbig, »denn eine dunklere warmtönige Tapete, grau oder graublau ist das Passendste. Eine solche stimmt besser für den in jeder Hinsicht ruhigen Charakter, der dem Schlafzimmer eigen sein soll, und wirkt vor allem wohltätig auf das Auge.«[50]

Aber man trennte sich auch in den folgenden Jahrzehnten, als in einem neu erwachenden Hygiene-Bewußtsein Möbel und Wände des Schlafzimmers weiß oder zumindest hell gehalten waren, nicht von den liebgewordenen Wandschonern. Sie wurden damals mit Jugendstilmustern und später mit Ornamenten der zwanziger Jahre noch sehr häufig verwendet (Abb. 42). Der Inhalt der Sprüche war der gleiche geblieben: tröstliche Worte weltlichen und religiösen Inhalts. Das große Format dieser Wandbehänge — bis zu 70 x 180 cm — forderte die Stickerin zu längeren Versen, oder wenigstens Zweizeilern heraus:

Grüße den Morgen mit fröhlichem Sinn,
dann schwinden die Sorgen des Tages dahin.

Froher Morgen aus liebem Mund
bringt am Tag manch frohe Stund'.

Vergiß den Kummer
im süßen Schlummer

Hab Sonne im Herzen
den Mund voller Lieder
so grüße das Leben
dann grüßt es dich wieder

Ein neuer Tag ein neues Leben
bricht mit dem neuen Morgen an

Frohes Schaffen, treues Lieben,
ist das Beste stets geblieben.

Wenn der Morgen graut, fröhlich aufgeschaut.

Unter den unzähligen Bett-Wandsprüchen gehörte zu den beliebtesten:

Beklage nicht den Morgen,
der Müh' und Arbeit gibt,
es ist so schön zu sorgen
für Menschen, die man liebt.

Auch der untenstehende Spruch, der ursprünglich bei Hochzeitsgeschenken verwendet wurde, gleichzeitig die Wand hinter Kinder-, Dienstboten-, und Gästebetten zierte, ist noch in der Erinnerung vieler alter Leute. Die Mikrobiologin Emmy Klieneberger-Nobel schildert dazu in ihren Memoiren ihre Studentenbude aus dem Jahre 1913 in Göttingen: » Natürlich gab es kein fließend Wasser im

42

Abb. 42
Bett mit Wandschoner »Beklage nie den Morgen, der Müh und Arbeit giebt, Es ist so schön zu sorgen für Menschen die man liebt« aus einem Handarbeitsheft um 1920

Abb. 43
Waschtisch mit Wandschoner aus einem Handarbeitsheft von 1913

Schlafzimmer. Dafür befanden sich Schüssel und Krug auf dem Waschtisch und ein Eimer stand in der Ecke. Über dem Bett war ein Wandbehang, auf dem in rotem Kreuzstichmuster zu lesen war:

Streut Blumen der Liebe zu Lebenszeit
und bewahret einander vor Herzeleid

dies diente zu meiner Erbauung!«
Dieser Spruch erscheint auch noch in einer anderen Variante:

Bewahret einander vor Herzeleid
Kurz ist die Zeit, die Ihr beisammen seid
ob auch viele Jahre Euch vereinen
einst werden wie Minuten sie Euch scheinen.

Unter der Vielzahl religiöser Sprüche und Gebete las man neben der Anrufung des Schutzengels Sätze vertrauensvoller Gläubigkeit:

In Gottes Hand gegeben
ist Tag und Nacht mein Leben

Der Gott der Dich bei Tag bewacht
ist auch dein Hüter in der Nacht

Herr bleibe bei uns,
denn es will Abend werden

Gottes Auge wacht

Gott wacht für alle groß und klein
drum schlafe ohne Sorgen ein

Nach oben blick dankend am Morgen
Nach oben schick abends die Sorgen.

Abb. F27 →
Überhandtuch 1910/20, Leinenzwirn-Crêpe mit geknoteten Fransen. Stickerei in Stiel- und Plattstich.
»Wenn des Schicksals Stürme toben, richte stets den Blick nach oben«
112 x 47 cm, Ausschnitt

Abb. F28 →
Überhandtuch, um 1900, Baumwolle, untere Kante mit Durchbruchreihen. Ausgeschnittene Formen mit festonnierten Kanten und genähten Spinnen, Tambourir- und unterlegte Plattstichstickerei.
»Froher Sinn bringt Gewinn«
128 x 56 cm, Ausschnitt

Der Tapetenschutz war nicht nur hinter dem Bett angebracht, er war an anderer Stelle noch weit dringlicher, nämlich am Waschtisch. Da die meisten Wohnungen noch zu Beginn des 20. Jahrhunderts kein Badezimmer hatten, und sich der Wasseranschluß anfangs auf die Küche oder, im Mietshaus, auf den gemeinsamen Wasserhahn im Treppenhaus beschränkte, war das tägliche Waschen am Waschtisch im Schlafzimmer die übliche Reinigungsmethode. Im Haushalt der sechziger Jahre des 19. Jahrhunderts verwendete man noch gern eine mit Klappdeckel versehene Waschkommode, deren bei Benutzung hochgeklappter Deckel die Wand vor Wasserspritzern schützte. »War der Deckel, seiner eigentlichen Bestimmung gemäß den größten Teil des Tages über zugeklappt, so bewirkte die Feuchtigkeit in dem verschlossenen Raum ein Verziehen des Holzes und ein Verfaulen der Einsatzbretter.«[52] Die späteren Waschtische waren deshalb von vornherein zum Offenbleiben gedacht (Abb. 43); sie waren als Kommode oder Tisch gearbeitet, und zum Schutz von Wand und Tapete befestigte man dahinter gestickte Tücher (Ab.. 48).

43

Eine Leserin der Hausfrauenzeitschrift »Monika« schrieb 1897 an die Redaktion:

»Eine nette Ausschmückung des Schlafzimmers sah ich jüngst bei einer jungen Frau, und darf wohl hoffen, daß es den lieben Leserinnen Vergnügen bereitet, und ihnen eine Anregung wird, ähnliches zu schaffen, wenn ich davon erzähle.«

Aus dieser ausführlichen Beschreibung einer kompletten, mit Sprüchen bestickten Schlafzimmergarnitur sei hier nur der Tapetenschoner hinter dem Waschtisch herausgegriffen: »Derselbe bestand aus einem 85 cm breiten und 55 cm hohen Stück grauen Javastoffes, das ringsum schmal eingesäumt, mit blauem, changierten Stopfgarn (die Rolle 10 pf.) in Kreuzstich benäht war, und zwar in der Weise, daß rundherum ein schmales Käntchen mit netten Eckstücken, wie sie jedes Stickbüchlein bietet, lief, während der mittlere freie Raum in gotischen Buchstaben — die Anfangsbuchstaben der Hauptwörter in möglichst großem Format gehalten — den Spruch zeigt ›Morgenstund hat Gold im Mund!‹, so arrangiert, daß das erste Wort in angemessener Entfernung über die anderen zu stehen kommt. Kleine Hornringelchen, in den vier Ecken angebracht, dienen zum Befestigen des netten und praktischen Wandschoners.«[53]

Die beliebtesten Inschriften für diese Behänge waren außer dem oben zitierten Spruch:

Guten Morgen

Frisch auf am Morgen

Der Tag erwacht in seiner Pracht.

Wenn des Schicksals
Stürme toben,
richte stets den
Blick nach Oben.

F27

F28

In sinnvollem Zusammenhang mit dem Waschplatz standen ›Reinlichkeits‹-Sprüche wie:

Reinlichkeit ist eine Zier

Reinlichkeit stets erfreut

Rein und fein sollst du sein

Sauberkeit das Herz erfreut

Wasch dich oft und kalt
bleibst gesund wirst alt.

Neben dem Waschtisch hingen Behälter mit der Aufschrift »Kamm« und »Bürste«. Auch der Sack für die schmutzige Wäsche war selbstverständlich mit Stickerei verziert, oft mit einem Monogramm oder mit der Bezeichnung »Wäsche«. Auch stoffbezogene Schachteln für Kragen, Manschetten und Taschentücher wiesen gestickte Beschriftungen auf, genau wie die »Bettdeckenhalter«.

Das Bett selbst entsprach in seinen Maßen dem modernen Bett. Es war nur höher und mit vielerlei Bettzeug ausstaffiert. Vorhang und Bettgardinen galten um die Jahrhundertwende bereits als unmodern und beschränkten sich — wenn sie überhaupt noch vorkamen — auf eine leichte, rein dekorative Draperie am Kopfende (siehe Abb. 50).

Ein sehr verbreiteter und besonders prächtig bestickter Gegenstand des Schlafzimmers war das Überhandtuch. Manchmal war der Handtuchhalter an beiden Seiten des Waschtisches in Form je einer Querstange angebracht. In der Regel aber hatte man ein spezielles Gestell als Handtuchhalter, das ungefähr 80 cm hoch und 60 cm breit war. Das Wesentliche daran waren drei Querstreben, die es erlaubten, die benutzten Handtücher voll auszubreiten. Es gab dafür einen rein praktischen Grund: So trockneten die feuchten Tücher in den ungeheizten oder zumindest wenig geheizten Schlafzimmern leichter. Aus ästhetischen Gründen breitete die Hausfrau ein schön gesticktes Überhandtuch darüber (Abb. F28, Abb. 51).

Abb. 44
Schlafzimmereinrichtung von 1884. Mit Sprüchen bemalte Möbel. Links am Waschtisch ist ein Handtuchhalter zu erkennen.

44

Abb. 45
Wandbehang 1910/20
Baumwolle mit blauem Stiel- und Plattstich bestickt.
»Grüsse den Morgen mit fröhlichem Sinn
So schwinden die Sorgen des Tages dahin«
75 x 140 cm

Abb. 46
Wandbehang um 1910, Baumwoll-Aidastoff mit gelbem Posamentenbesatz. Mehrfarbiger Kreuz- und Vorstich.
»Streut Blumen der Liebe bei Lebenszeit
und bewahret einander vor Herzeleid«
67 x 122 cm

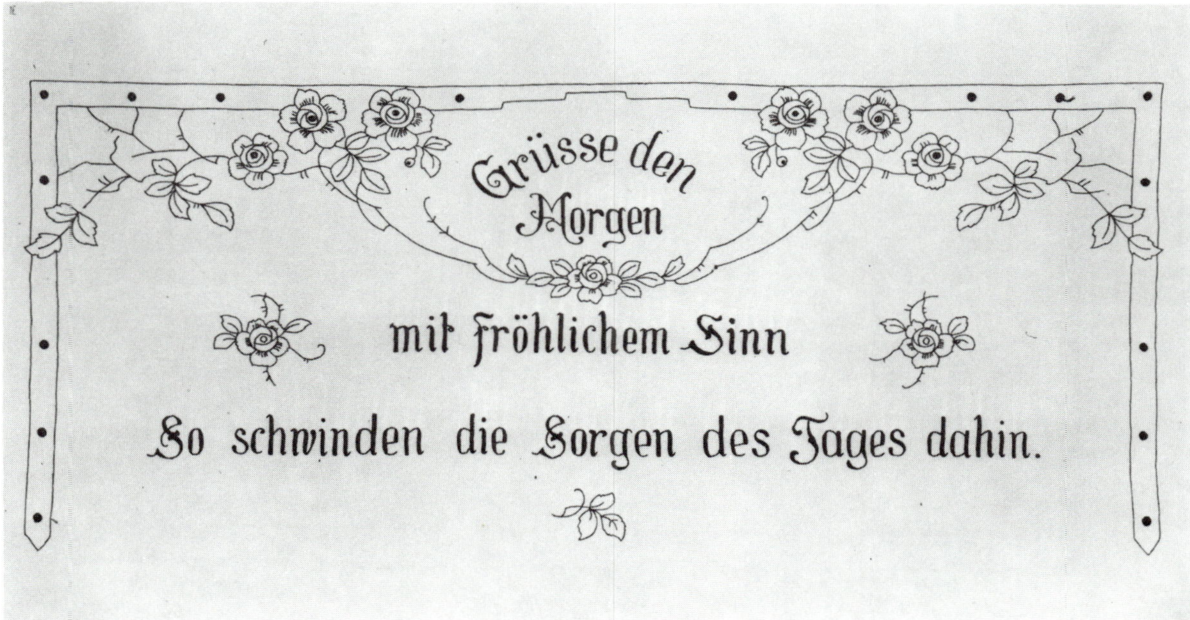

45

46

47

48

Abb. 47
Wandschoner um 1890, Canevas mit Kreuzstich in zweierlei Rottönen bestickt.
»Der Gott der Dich bei Tag bewacht,
Ist auch Dein Hüter in der Nacht«
48 x 149 cm

Abb. 48
Wandschoner hinter dem Waschtisch, Anfang 20. Jhdt. Baumwolle, mit Hohlsaum und rotem Kettstich
»Frisch auf am Morgen«
58 x 74 cm

Abb. 49
Wandschoner hinter dem Waschtisch. Letztes Drittel 19. Jhdt., Javastoff, rot languettierte Kanten. Rosa/roter Stielstich.
»Wasch dich oft und kalt bleibst gesund wirst alt«
53 x 80 cm

Abb. 50
Schlafzimmer vom Ende des 19. Jhdts., Bett mit drapiertem Betthimmel am Kopfende und Bettzeugtasche am Fußende. Waschtisch mit Handtuchhalter

49

50

51

Abb. 51a
Überhandtuch. Letztes Drittel 19. Jhdt., Halbleinen, abgepaßtes Damasttuch mit geknoteten Fransen. Stielstich. Schrift in weißer unterlegter Plattstichstickerei, mit rotem Kettstich eingefaßt.
»Der Morgenstern mit seinem Blinken
Soll aus dem Bett dich winken«
120 x 45 cm

Abb. 51b
Überhandtuch, um 1920, Leinen. Maschinenspitze, bestickt mit hellblauem Stiel- und Spannstich.
»Guten Morgen«
104 x 54 cm

Abb. 51c
Überhandtuch, um 1905, Baumwolle. Hohlsaum, roter Platt- und roter Kettstich.
»Guten Morgen«
114 x 54 cm

51

Abb. 51d
Überhandtuch, um 1905, Baumwolle, Hohlsäume, roter Platt- und Stielstich »Der Tag erwacht in seiner Pracht« 93 x 50 cm

Abb. 51e
Überhandtuch, letztes Drittel 19. Jhdt., Leinenzwirn-Crêpe mit Hohlsaum und geknoteten Fransen; hellblauer/mittelblauer Stielstich für die Zeichnung, unterlegter Plattstich für die Schrift. »Guten Morgen« 124 x 44 cm

Abb. 51f
Überhandtuch, um 1900, Baumwolle, Häkelspitze, rot/rosa Kreuzstich, Durchbruch, Hohlsäume »Heiter am Morgen« 130 x 55 cm

Abb. 51g
Überhandtuch, Leinenzwirn-Crêpe mit geknoteten Fransen, letztes Drittel 19. Jhdt., hellblauer Stiel- und unterlegter Plattstich »Dich weckt das Licht zu edler Pflicht« 88 x 48 cm

52

Abb. 52
Bettzeugtasche, um 1890, Feine Baumwolle mit Spitzenbesätzen. Hellblauer Stiel- und Plattstich »Der dich behütet, schläft nicht«
36 x 43 cm

Abb 53
Fileteinsatz für Kopfkissen, um 1910
»Gute Nacht«
14 x 70 cm

Abb. 54
Richelieu-Muster für Bettwäsche aus einem Handarbeitsheft von 1924

Abb. 55
Nachttisch-Deckchen, 1900/15, Baumwollköper mit rot languettierten Kanten. Rote Stiel- und Plattstichstickerei.
»Guten Morgen«,
»Gute Nacht«
29 x 36 cm

Abb. 56
Nachttisch-Deckchen, um 1900, Halbleinen mit rot languettierter Kante. Roter Stielstich, rosa Kreuzchen und Sternchen zur Flächenfüllung.
»Guten Morgen«,
»Gute Nacht«
29 x 40 cm

53

Muster
für Bettwäsche
Aufbügelmuster 16611E (2 Ecken). 16611. Kissenecke mit Rosenmuster. Naturgroßes Muster 16611a auf dem Musterbogen Nr. 2.
Aufbügelmuster 12096 G. 12096. Einsatz mit Eckbildung für einen 80 cm großen Kissenbezug.
Aufbügelmuster 17131H (2 Ecken). 17131. Kissenecke mit Azaleenmuster. Naturgroßes Muster 17131a auf dem Musterbogen Nr. 1.
GUTE NACHT
Aufbügelmuster 14622 H.
14622. Kissenstreifen mit gestickter Inschrift. Naturgroßes Muster 14622a auf dem Musterbogen Nr. 2.
Aufbügelmuster 17132 H (1 Meter). 17132. Kissenstreifen mit Azaleenmuster, passend zur Ecke 17131.
Aufbügelmuster 17133 H (1 Meter). 17133. Kissenstreifen mit Ebereschenmuster, passend zur Ecke 17134.
ERWACHE FROH!
Aufbügelmuster 14623 H. 14623. Kissenstreifen mit gestickter Inschrift.
Zu 17132 naturgroßer Musterteil auf dem Musterbogen Nr. 1.
Aufbügelmuster 17134 H (2 Ecken). 17134. Kissenecke mit Ebereschenmuster.
Aufbügelmuster 17216 H (2 Ecken). 17216. Kissenecke mit reichem Rosenmuster.

54

Guten Morgen
Gute Nacht

55

Guten Morgen
Gute Nacht

56

Die Sprüche waren überwiegend aufmunternd, und sei es nur, um das frühe Aufstehen erträglicher zu machen:

Frohes Erwachen

Heiter am Morgen

Frisch am Morgen

Alle Morgen ohne Sorgen

Dich weckt das Licht
zu edler Pflicht

Der Morgenstern mit seinem Blinken
soll aus dem Bett dich winken.

Erwache froh

Guten Morgen

»Über den Betten ausgebreitet liegt, wenn dieselben nach dem allmorgendlichen Lüften der Decken, Kissen und Tücher wieder aufgemacht sind, ein Überwurf, in einer, von der einfachsten Randverzierung bis zur kunstreichen Vollstickerei sich bewegenden Ausstattung«.[54] Auf der Bettdekke lag am Fußende eine Bett- oder Nachtzeugtasche, in die man, angefangen von Nachthaube und Schlafmütze bis zum Taschentuch, alles steckte, was man nachts zu brauchen meinte, aber tags nicht sehen lassen wollte (Abb. 52). Gewöhnlich waren »Schlafe wohl«, »Träume süß«, »Gute Nacht«, »Der dich behütet schläft nicht« sowie kleine Ornamente, Blumen und Engel daraufgestickt.

Das zunehmende Hygienebedürfnis des 20. Jahrhunderts schaffte neben dem Betthimmel zunächst auch die Bettdecke ab, denn die Betten sollten Luft und Licht haben. Dafür wurden die Kopfkissen, die nun sichtbar wurden, umso mehr verziert — nicht nur die mit Stickerei und Rüschen überladenen Paradekissen, die nur tagsüber auf den Betten lagen, nachts aber zur Seite gelegt wurden, sondern auch die Kopfkissen, auf denen man tatsächlich schlief (Abb. 54). Vergaß man abends allerdings, das Kissen umzudrehen, erwachte man am Morgen, gezeichnet von Häkel- und Fileteinsätzen (Abb. 53), mit den bekannten Gute-Nacht-Wünschen.

Analog zu diesen Inschriften waren die der Deckchen auf den Nachtkästen an der Kopfseite des Bettes (Abb. 56).

Die Wäsche fein und zart im Schranke aufbewahrt

Die Wäschekammer

In beengten Wohnverhältnissen waren Wäscheschrank und Wäschekorb im Schlafzimmer untergebracht; gebügelt wurde in der Küche (Abb. 61). Ein großzügiger Haushalt aber hatte oft ein eigenes Schrank-, Wäsche- oder Bügelzimmer (Abb. 57). Hier fanden außer den Schränken alle nützlichen Haushaltsgeräte ihren Platz, die mit der Wäsche zu tun hatten wie die Mangel (auch Rolle genannt), Bügelbrett und Bügeleisen, Wäschekörbe, Klammern, Wäscheleine und schließlich die Nähmaschine.

Jedes Gerät hatte seine eigene bestickte Dekke, seinen Beutel, seine Bänder mit der entsprechenden Aufschrift. Auf dem Tuch für die Wäschemangel, bzw. für die noch zu mangelnde Wäsche las man:

Rolle

Rolle glatt und fein

Rolle mit Bedacht

Willst du eigen sein
rolle glatt und fein

Glatte Wäsche

Und auf Korbdecken, mit denen die Bügelwäsche zugedeckt wurde:

Wäsche

Frische Wäsche

Feine Wäsche

Blank und rein
soll meine Wäsche sein

Auf der Nähmaschine (Abb. 59):

Rühr munter die Hände

Ist die Maschine rein
Näht sie nochmal so fein.

Der Überzug des Bügelbrettes war einfach mit »Plättbrett« beschriftet oder mit einem Spruch

Abb. 58
Band für die Mangelwäsche, Anfang 20. Jhdt., Ungebleichtes Leinen mit unterlegtem Platt- und Stielstich rot bestickt.
»Rolle glatt und fein«
8,5 x 90 cm

Band für Bügelwäsche Ende 19. Jhdt., Hanf, Kante rot eingefaßt, bestickt mit rotem Stiel- und Plattstich
»Glatte Wäsche«
11,5 x 104 cm

Abb. 57
Plättbretthülle, Plätteisenhülle, Waschkorbdecke und andere Schutzdecken. Vorschlag einer Handarbeitsbeilage von 1916

57

Abb. F29 →
Überhandtuch 1910/20, Baumwolle verziert mit schattierter Plattstich- und Stielstichstickerei.
»Erwache froh«
94 x 57 cm, Ausschnitt

Abb. F30
2 Garnituren Schrankbrett-Streifen, Ende 19. Jhdt., oben: Kongreßband mit Häkelspitze und Kreuzstichstickerei,
»Und drinnen waltet die
züchtige Hausfrau
Und herrschet weise im
häuslichen Kreise
Und mehrt den Gewinn
mit ordnendem Sinn«
6 x 78 cm
unten: Leinen, gebogt und mit Schnürchen benäht, mit Stiel-, Spann-, Kett-, Hexen- und Festonstich bestickt.
»Blitzblank des Spindes
Holz,
Das Linnen blüthenrein,
Das soll der Hausfrau Stolz
Der Hausfrau Freude sein«
12 x 86 cm

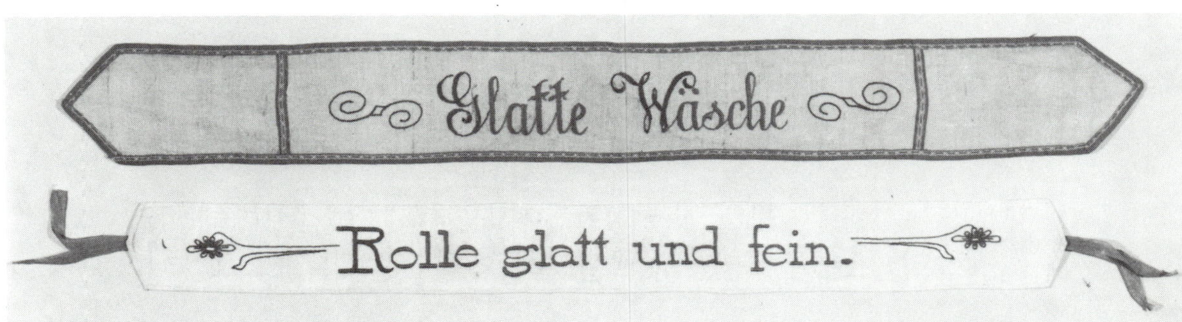

58

F29

Und drinnen waltet die züchtige Hausfrau
Und herrschet weise im häuslichen Kreise
Und mehrt den Gewinn mit ordnendem Sinn.
Blitzblank des Spindes Holz,
Das Linnen blütenrein,
Das soll der Hausfrau Stolz,
Der Hausfrau Freude sein.

F30

59

60

Abb. 59
Nähmaschinendecke, um 1905, Baumwollköper mit breitem roten Kattunbesatz, roter Kettstich mit der Maschine gestickt. »Rühr munter die Hände« 80 x 94 cm

Abb. 60
Bügelbrettüberzug, um 1890, Hanf mit Stielstichranken und unterlegtem Plattstich für die Schrift »Heisses Eisen, blanker Stahl ersparet Dir viel Müh und Qual« Fragment

Abb. 61
Wäscheschrank im Schlafzimmer mit Schrankbrettborten und Wäschebändern. Sunlicht-Reklame von 1904

Abb. 62
Waschkorbdecke, um 1905, Baumwollköper mit rotem Kattunbesatz. Roter Stiel- und Plattstich
»Blank und rein
soll stets die Wäsche sein«
72 x 100 cm

Heisses Eisen blanker Stahl
ersparet dir viel Müh und Qual (Abb. 60)

»Klammern«, oder »Klammere fest« war auf dem Klammerbeutel zu lesen und auf dem Sack für die Leine ›Wäscheleine‹.

Das wichtigste Stück in diesem Raum war freilich der Wäscheschrank. Er muß im Leben der Hausfrau von einst von ganz besonderer Bedeutung gewesen sein, will man den übereinstimmenden Aussagen in Hausfrauenzeitschriften und Haushaltungsbüchern Glauben schenken:

»Der wohlgefüllte Wäscheschrank mit seinem weißen, glänzenden, duftenden Inhalt ist der Stolz und die Freude jeder Hausfrau — jeder, denn selbst diejenige, welche sich die Besorgung ihrer Wirtschaft nicht allzu angelegen sein läßt, die über den Verbrauch in Küche und Keller einmal ein Auge zudrückt und sich um die Zubereitung der Speisen nicht sehr eingehend bekümmert, wird doch mit einer gewissen Andacht die Thüren des Schreins öffnen, welcher die von der Mutter mitgegebenen Leinenschätze birgt.«[55]

Solchen Gefühlen entsprechend schmückte die Hausfrau den Wäscheschrank von innen besonders sorgfältig aus. Jedes Brett belegte sie mit Stoff oder mindestens Papier, und an der Vorderkante eines jeden Einlagebrettes befestigte sie sogenannte Schrankbrettstreifen, gehäkelt, mit Spitzen besetzt, bestickt oder an den Kanten festonniert (Abb. F30). Die beliebteste Verzierung waren in Blau oder Rot aufgestickte Drei- oder Vierzeiler, eine Zeile für jedes Brett:

Blitzblank des Spindes Holz
Das Linnen blüthenrein,
Das soll der Hausfrau Stolz,
Der Hausfrau Freude sein.

Der Weber webt wohl manches Stück
von blendend weisser Leinewand
Jedoch des Hauses Freud und Glück
Webt nur der Hausfrau eigne Hand.

So du ein liebes Heim gegründet,
Der Wäscheschatz sei gut bedacht,
Den Stolz der Hausfrau er verkündet,
Wenn blendend weiss die Wäsche lacht!

Geblüht im Sommer-Winde,
Gebleicht auf grüner Au,
Liegt still es nun im Spinde,
Zum Stolz der deutschen Frau.

61

62

Was Mütterlein mir einst beschert,
Halt ich in diesem Schranke werth,
Soll glatt und fein geordnet sein,
Wie's einstens tat mein Mütterlein.

In des Wäscheschrankes Tiefen
Kann die strenge Hausfrau prüfen
ob das Linnen wohlbestellt.

Was du erstrebst
trefflich gelinge
Was du vollbracht
Segen bringe

Rein das Herz und rein der Sinn,
Ordnung draußen, Ordnung drin,
Ein thätiger Geist, eine schaffende Hand,
Sie bringen den Segen in Haus und Land.

63

Abb. 63
Wäschebänder
Letztes Drittel 19. Jhdt., Baumwoll-Atlas, Schrift in rotem unterlegten Plattstich, Randmuster in rotem Kästchen- und Kreuzstich.
7 x 32 cm

Die Wäsche fein und zart,
Im Schranke aufbewahrt,
Ist deutscher Hausfrau'n Art.

Und ist gefüllt mit Linnen der Schrein
So wird er der Hausfrau
Schatzkästlein sein

Der vermutlich meist verwendete Schrankbrettspruch war der oft leicht abgewandelte Vers aus Schillers »Glocke« (siehe auch Abb. F30):

Und drinnen waltet die züchtige Hausfrau
Und füllet mit Schätzen die duftenden Laden,
Und sammelt im reinlich geglätteten Schrein,
Die schimmernde Wolle, den schneeigten Lein.

Walter Benjamin erinnert sich vermutlich dieser Zeilen, wenn er in seinen autobiographischen Erzählungen, »Berliner Kindheit um Neunzehnhundert«, vom »lichten Paradies« erzählt, das sich mit dem Wäscheschrank der Mutter auftat. »Dessen Bretter, an denen blaugestickt auf weißen Borten ein Text aus Schillers ›Glocke‹ sich entlangzog, trugen gestapelt Bett- und Wirtschaftswäsche, Laken, Bezüge, Tischtücher, Servietten. Lavendelduft kam aus den kleinen prallen Sachets aus Seide, welche über dem gefältelten Bezug der Innenseite der beiden Spindenflügel baumelten«[56]

Ein besonderer Schmuck des Wäscheschrankes waren auch die Wäschebänder, die die unterschiedlichen Wäschesorten in Paketen zusammenhielten. Manche Hausfrauen bevorzugten farbige Seidenbänder, andere flächig bestickte Borten, und viele stickten in die Mitte verzierter Stoffstreifen die Wäschebezeichnung ein (Abb. 63).

Für die ganz unermüdliche Stickerin gab es endlose Möglichkeiten für Handarbeit am Wäscheschrank:

»Wenn der Wäscheschrank an einem oft begangenen Platz steht, muß man das Eindringen von Staub hindern, indem man ein Schranktuch herstellt, in der Mitte mit einem Spruch bestickt, an der unteren Breitseite und beiden Langseiten languettiert, und oben mit einem Zugsaum versieht«:[57]

Was Rocken, Webstuhl und Nadel gemacht,
Wird hier fein säuberlich untergebracht.
Willst du das Ganze richtig verwalten,
Gilt's Neues erschaffen und Altes erhalten.

64

Abb. 64
Schirmbehälter, um 1890; er wurde mit Reißzwecken von innen an der Schranktür befestigt.
»Gutes Wetter«
80 cm hoch

Guten Appetit

Das Speisezimmer

Die heute noch reichlich zu findenden Decken und Deckchen, Servietten und Läufer, Behänge und Überhandtücher aus den Speisezimmern vor neunzig und mehr Jahren sind aus besonders schönen Stoffen in außerordentlich feiner Handarbeit gearbeitet. Über ein Speisezimmer verfügte nur die Ober- und obere Mittelschicht.

Handarbeiten mit Sprüchen wurden hier, wie im Schlafzimmer, als geschmackvoll empfunden, während man sie in den übrigen Wohnräumen als spießig ablehnte.

»Um hübsche Handarbeiten anzubringen, bietet das Eßzimmer (Abb. 65) geeignete Gelegenheit«, schreibt eine Hausfrauenzeitschrift um die Jahrhundertwende in einem Artikel »Schmücke dein Heim!« Weiter heißt es: »Im Eßzimmer erfreut unser Auge eine schöne Büffetdecke, eine kunstvolle Decke auf dem stummen Diener, ein prachtvolles Prunkhandtuch, das nach altdeutscher Sitte zur Seite des Büffets angebracht wird. Wandbekleidungen und Supraporten sind ebenso beliebt.«[58]

Die Büffetdecken weisen meist aufs Essen bezogene Sprüche auf:

Das täglich Brot
Geseg'n Euch Gott

Guten Appetit

Kommt zu dir ein Gast
Gieb so gut du's hast.

Ebenso war es bei den Decken für die Serviertischchen, die »stummen Diener« (Abb. 67), mit den dafür wohl beliebtesten Sprüchen »Wohl bekomm's«, »Guten Appetit« (Abb. F33), »Ein froher Trunk macht Alte jung«, »Für Speis und Trank dem Geber Dank« (Abb. 68b).

Am schönsten war das Überhandtuch neben dem Büffet bestickt (Abb. F31). Man verwendete weniger spezifische Sprüche, sondern mehr Reime

Abb. 65
Speisezimmer vom Ende des 19. Jhdts., neben dem Schrank hängt nach »altdeutscher Art« das reichverzierte Überhandtuch mit der Aufschrift »Adel liegt im Gemüte, Nicht im Geblüte«

Abb. F31
Überhandtuch um 1900, Leinen mit kunstvoller Stickerei in Stiel-, Platt-, Kreuz- und Schlingstich mit Nähspitze. »Ein ewiges Geheimnis« 154 x 56 cm, Ausschnitt

65

F31

66

allgemeiner Art, die auch in den andern Zimmern zu finden sind, wie

Dein Haus sei deine Welt
Darin es dir gefällt

Rein die Red' rein der Sinn
Ordnung draußen, Ordnung drin

Adel liegt im Gemüt, nicht im Geblüt.

Ordnungssinn bringt Gewinn

Das wichtigste Möbel des Speisezimmers war zweifellos der Tisch, und besondere Bedeutung hatte ein schönes Tischtuch. Frau von Wedell, die Ende des 19. Jahrhunderts verschiedene vielgelesene Ratgeber verfaßt hat, riet den Frauen in ihrem Buch »Mein Haus mein Stolz«:

»Als Tischtuch magst du ein Phantasiegedeck mit Handarbeit wählen, z.B. ein Tischtuch aus einzeln bestickten, altmodischen Servietten und geklöppelten Zwischensätzen hergestellt, eine sogenannte Wartburgdecke mit zwischengestickten kernigen Sprüchen, ein Leinengewebe mit bunten Kanten oder, was noch moderner ist, mit quer über den Stoff laufenden breiten Borten und geknüpften Fransen als Randabschluß. — Ziehst du vor ein glattes, weißes Damasttuch zu wählen, so lege irgend einen Tischläufer (Abb. F35) in kräftigen Farben, z.B. in rotem oder blauem Garn auf.«[59] (Abb. 72)

Diese Tischläufer waren häufig mit Spruchbändern bestickt in blau/weiß, meist aber in rot/weiß:

Hopfen und Malz, Gott erhalt's

Des Hauses Glück — Zufriedenheit

Friede im Haus, bringt Segen voraus
Acht Gottes Wort, so kommst du fort

Fröhlich und freundlich sich weisen
dient zur Würze allen Speisen

Ein guter Trunk aus Malz und Hopfen
Das sind die besten Lebenstropfen

Zum guten Wort ein guter Trunk
hält Leib und Seele stets gesund

Die erwähnten »kernigen Sprüche« auf den großen Decken lauteten etwa so:

Iß was klar ist
Trink was klar ist
Sprich was wahr ist
Hilf wo Gefahr ist

Abb. 66
Vorschlag für eine Büffetdecke. Aus einer Hausfrauenzeitschrift von 1898, mit dem Spruch in Kreuzstichtechnik
»Kommt zu dir ein Gast, Gieb so gut du's hast«

Abb. 67
Serviertisch oder »stummer Diener« mit Decke und Wandschoner. Vorschlag von 1896

Froh Gesicht der beste Dank
Hat geschmecket Speis und Trank

Wer die Krume nicht ehrt
ist des Weckens nicht wert

Gut gekaut ist halb verdaut.

Besonders häufig wurde auch das Tischgebet

Komm Herr Jesu sei unser Gast
und segne was du uns bescheret hast

auf die Tischdecke oder einen Wandbehang hinter dem Tisch gestickt (Abb. 73).

Zu den Tischdecken, zumindest zu den »Kaffeedecken«, gehörten passende Servietten. Da sie meist im Dutzend gearbeitet wurden, verwendete man gern Monatssymbole als Motiv (Abb. 69). In den siebziger Jahren des 19. Jahrhunderts wurde manchmal auch »Witziges für die Tafel im Stil des 17. Jahrhunderts daraufgestickt, wie einige Beispiele aus einer Serie von Servietten zeigen sollen: In eine Ecke sind drei Blumentöpfe mit der Inschrift ›O, die Blumen!‹ gestickt, auf die nächste Serviette ein Tischmesser zwischen zwei Köpfen und der Unterschrift ›Rück oder Schneid‹, auf einer weiteren ein Herz mit daraus hervorsprießenden Blumen, darunter die Frage ›Wer findt den Schlüssel?‹.«[60]

Der Stickerin liebste Kinder müssen jedoch, der Anzahl nach, die Tablett-, Teller- und Brotkorbdeckchen gewesen sein. In unterschiedlicher Technik waren sie mit meist kurzen bekannten Sprüchen bestickt (Abb. 71):

Ich geb gern

Wohl bekomm's

Noch ein Täßchen (Abb. 74)

Ein lieber Gast ist niemands Last

Hopfen und Malz, Gott erhalts

Fleisch und Brot gebe Gott

Unser täglich Brot gieb uns heute

Herr, gieb uns unser täglich Brot

Danke Gott für's täglich Brot

Trink und iß, Gott nicht vergiß

Es gab außer diesen auch weniger bekannte, originelle Sprüche:

67

Cafe und Gebäck tun auch sein Zweck

Liebes Weib koch mit Fleiß meine Lieblingsspeis!

Zum Rendezvous in dunkler Nacht
Mein Kätzchen leise schleicht (Abb. 75).

F32

Abb. 68
Serviertischdecke, 1870/80, Baumwolle. Mit rot/blauer Stiel- und Plattstich-Stickerei verziert.
»Wohl bekomm's«
75 x 70 cm

Abb. 68b
Serviertischdecke, um 1890, Baumwolle. Mit rotem Stiel- und unterlegtem Plattstich bestickt.
»Ein frischer Trunk macht Alte jung«
80 x 70 cm

Abb. F32
Überhandtuch um 1880, Leinen mit breiten eingewebten Musterstreifen und dazwischen gestickten Schriftzeilen in Plattstich mit Kettsticheinfassung.
»Rein die Red', rein der Sinn, Ordnung draußen, Ordnung drin«
134 x 57 cm

68b

69

Abb. 69
Serviette, um 1880, aus einem Dutzend Monatsservietten, Leinen mit Häkelspitze. Roter Stiel- und Knötchenstich
»Januar«
38 x 38 cm

Abb. 70
Überhandtuch, um 1890, Baumwollköper mit Klöppelspitze. Roter Knötchen-, Stiel- und Plattstich.
»Froher Sinn bringt Gewinn«
49 x 114 cm

Abb. 71
4 Brotkorbdeckchen, Ende 19. Jhdt., Kanten rot languettiert, rosa/rot bestickt
a) »Hopfen und Malz, Gott erhalt's!«
b) »Guten Appetit«
c) »Unser täglich Brot gib uns heute«
d) »Danke Gott für's tägliche Brot«
durchschnittliche Größe 28 cm ∅

Abb. F33 →
Tischdecke, Ende 19. Jhdt., Leinen, Mitte mit Stiel- und Plattstich bestickt:
»Wohl bekomm's«
96 x 122 cm, Ausschnitt

Abb. F34 →
Brotkorbdeckchen um 1900, Leinen, languettierte Bogenkanten und Stielstichstickerei.
»Unser täglich Brot gieb uns heute«
28 cm ∅

70
71

F33

F34

Fröhlich und sich freundlich weisen
dient zur Würze allen Speisen.

72

Komm, Herr Jesu,
sei
unser Gast!

73

Abb. 72
Tischläufer, 1870/80, Leinen, mit Häkelspitze umrandet. Rote Stiel-, Hexen- und unterlegte Plattstichstickerei. Im Spruchband:
»Fröhlich und freundlich sich weisen
dient zur Würze allen Speisen«
40 x 140 cm

Abb. 73
Öldruck für das Speisezimmer (Lith. A. May, Dresden, vor 1892) mit dem Wandspruch:
»Komm Herr Jesu
sei unser Gast«
35 x 48 cm

Abb. 74
Tablettdeckchen, um 1910, blauer und schwarzer Kreuzstich
»Noch ein Tässchen«
32 x 41 cm

Abb. 75
Tablettdeckchen, um 1920, Baumwollsatin mit rosa Stielstich und rot languettierten Kanten verziert.
»Zum Rendezvous
in dunkler Nacht
mein Kätzchen
leise schleicht«
24,5 x 37 cm

74

75

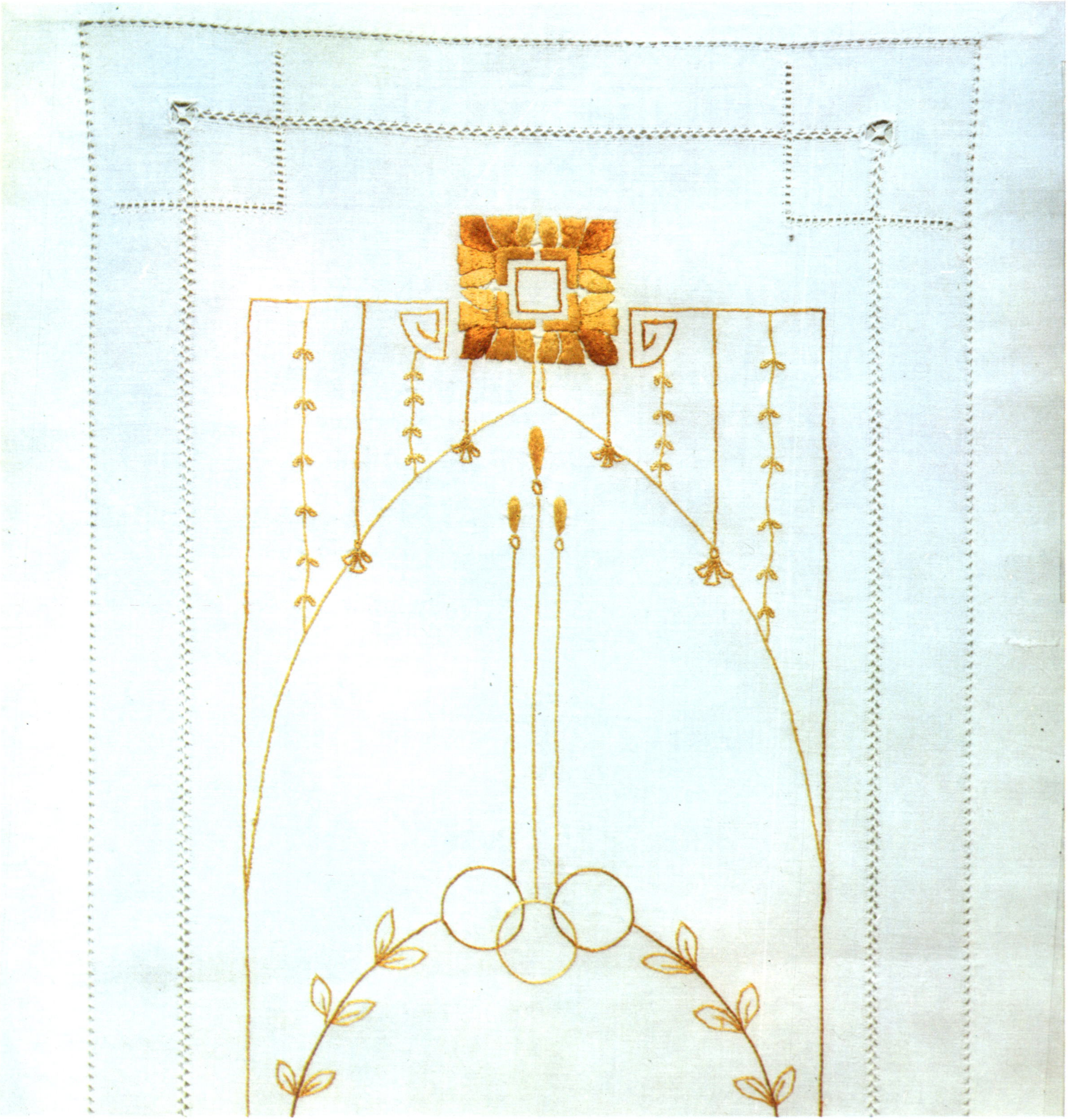

F35

Abb. F35
Tischläufer um 1905
Baumwolle mit Hohlsaum eingefaßt, bestickt mit Stiel- und schattiertem Plattstich in Seide.
»Willkommen liebe Gäste«
34 x 132 cm, Ausschnitt

Abb. 76
Schutzengel-Spruch für das Kinderbettchen. Handarbeitsvorschlag von 1910

Mamas Liebling, Papas Stolz

Das Kinderzimmer

Die Kinder der Bürgerfamilie hatten im ausgehenden 19. Jahrhundert nicht immer und die Arbeiterkinder nie ein eigenes Zimmer. Viele der bestickten Behänge, die von Handarbeitsvorlagen für den Platz »hinter das Kinderbett« vorgeschlagen wurden, hingen deshalb im Wohnzimmer, noch öfter in der Wohnküche oder im Familienschlafzimmer (Abb. 76). Die Verse sind vom Inhalt her oft eher predigthafte Erbauung für die Mutter als bedeutungsvoll für das Kind. Manche erscheinen für das Kinderzimmer eigentlich unpassend. Vielleicht waren sie ursprünglich für »erwachsene Kinder« gedacht, die mit der alten Mutter im gemeinsamen Haushalt lebten.

Wenn sich der Eltern Augen schließen
Ihr mattes Aug im Tode bricht,
Dann ist das schönste Band zerrissen,
Denn Elternlieb' vergißt man nicht.

Wenn du noch eine Mutter hast,
So sollst du sie mit Liebe pflegen
Damit sie einst ihr teueres Haupt
Getrost dann kann zur Ruhe legen. (Abb. 78)

Nur eine Mutter weiß allein
Was lieben heißt und glücklich sein (Abb. F37)

Alles auf dieser Welt vergeht
Nur die Mutterlieb' ewig besteht

Des Kindes Leid, des Kindes Schmerz
fühlt nur so recht ein Mutterherz

Rein wie der hellste Edelstein
Ist Mutterliebe ganz allein

Der Vater sorgt mit vieler Müh
für seine Kinder spät und früh.

Diese beiden letzten Sprüche sind auf Papiercanevas gestickt; Mutter und Vater sind jeweils als geprägtes Zelluloidrelief in der Mitte fixiert, beide Bilder sind gleich gerahmt. Es sind typische Wohnzimmer-Pendants, die inhaltlich und äußerlich übereinstimmend, symmetrisch über dem Sofa hingen. Ähnliche Bildpaare sind in der populären Druckgrafik bekannt.[61] (Abb. F36)

Nur vereinzelt gab es kindgemäße Inschriften mit kindlicher Zeichnung wie

Der Sandmann in das Zimmer tritt
und bringt den Sand im Säcklein mit

Fühlst du ein Weh zur Mutter geh
und sag es ihr, dann hilft sie dir

Während des Ersten Weltkrieges kamen auch im Kinderzimmer Wandbehänge mit Kriegsmotiven auf; beispielsweise in rotem Stielstich gestickte Kinder in Soldatenuniform mit Gewehr und Kanone und der Unterschrift: »Jüngstes Aufgebot«.

Außerdem gab es im Kinderzimmer bzw. hinter dem Kinderbettchen oft religiöse Sprüche. Der Schlaf der Kinder wurde Gott und dem Schutzengel anempfohlen. Die Kopfkissen und die Wandbehänge trugen häufig Inschriften wie diese: »Gott schütze dich«, »Gott behüte dich«, »dein Engel behüte dich« oder auch Zweizeiler, wie

Engel Gottes Hüter mein
Laß mich dir empfohlen sein (Abb. F38)

Schließ die müden Augen zu
Gott behüte deine Ruh'.

Gottes Engel halten Wacht
Über dir bei Tag und Nacht.

76

Der Vater sorgt
mit vieler Müh,
für seine
Kinder
spät und früh.

F36

Abb. F36
Papiercanevas-Bild, um 1890, farbig getönte Zelluloidauflage und Spannstich-Stickerei mit Chenille und Wollfäden.
»Der Vater sorgt
mit vieler Müh'
für seine Kinder
spät und früh«
40 x 29 cm

Abb. 77
Puppenküchenmöbel aus bedrucktem Blech um 1900, Inschriften:
»Der Küchenschrank wird blank und rein
die Freude jedes Kindes sein« *(Schrank)*
»Ordnung ist der Küche Zierde« *(Bank)*
»Frohsinn und Heiterkeit würzt jede Mahlzeit« *(Tisch)*
»Setz dich nieder« *(Stuhl)*

77

Die Sprüche für die Hausfrau haben auf dem Umweg über das Spielzeug Zugang zu den kleinen Mädchen gefunden. Die Puppenstuben und -läden enthalten als getreue Wiedergabe der Erwachsenenwelt auch die bestickten Behänge und Tücher. So besitzt das Stadtmuseum München aus der Zeit von 1875/80 ein mehrstöckiges Ladengeschäft, das »Kaufhaus Zintl«, in dessen rechtem Türflügel all die mit Sprüchen bestickte Ware angeboten wird, die wir inzwischen aus dem Wohnbereich der Erwachsenen kennen: Ein Überhandtuch mit der Aufschrift »Guten Appetit, Bordbrettstreifen mit den Sprüchen »Sich regen bringt Segen« und »Eigener Herd ist Goldes Wert«, ein Kissen »Ruhig, Papa schläft«, verschiedene Beutel für »Brot« und »Stiefel«, eine Klammerschürze, auf der »Gut Wetter« gestickt ist und eine Plaiddecke mit »Gute Reise«.

Auf einer Spielzeugküche aus Blech (Abb. 77), die serienmäßig mit Sprüchen bedruckt worden ist, steht auf den Türen des Küchenschranks:

Der Küchenschrank wird blank und rein
die Freude jeden Kindes sein.

Auf der Wasserbank ist zu lesen:

Ordnung ist des Kindes Zierde.

Hierbei wurden Sprüche, die sich ursprünglich an Hausfrau und Hausmädchen richteten, umfunktioniert für das Kind. Sie reihen sich ein in die repressiven Ermahnungen, die auf Kinder-Tassen und -Tellern üblich waren (Abb. 80), und sind Ausdruck der damaligen pädagogischen Konzepte:

Die Suppe ist ein gut Gericht
Nur Suppenkaspar ißt sie nicht

Gemüs und Fleisch bekommt nur der,
der seine Suppe aß vorher.

Sie entsprechen manchen Zeilen auf den Lätzchen der ganz Kleinen, die ja nicht einmal lesen konnten:

»Immer artig beim Essen« »Dem braven Kinde« »Mamas Liebling« und »Papas Stolz«.

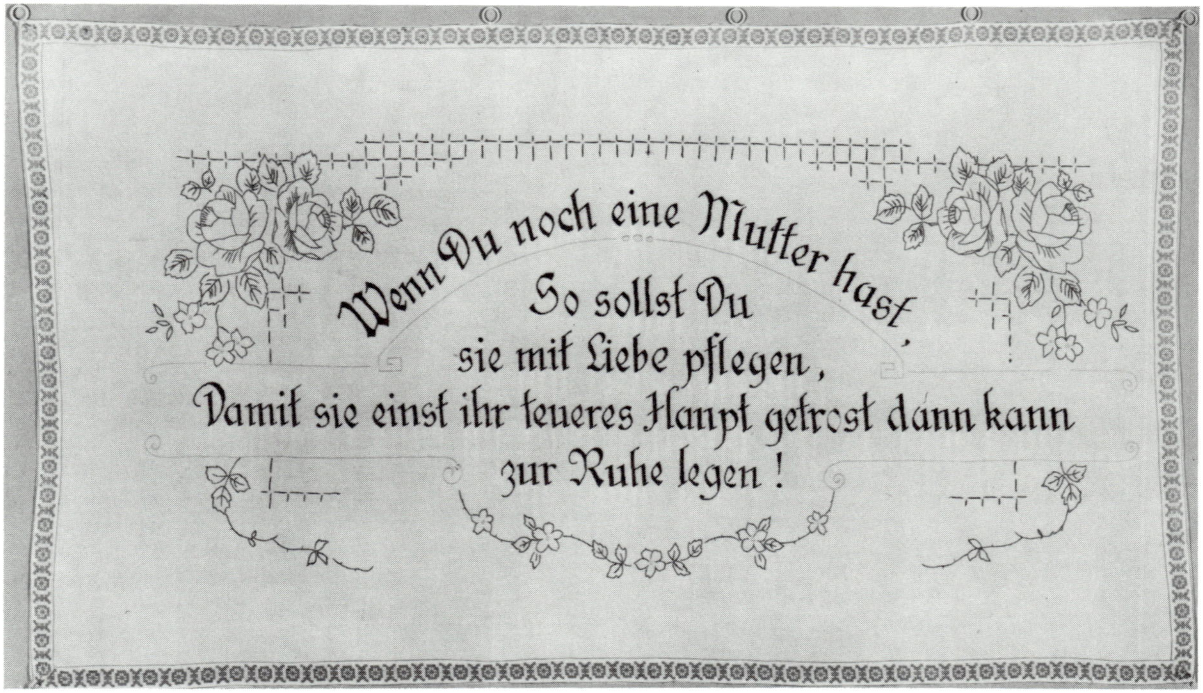

78

79

Abb. 78
Wandbehang um 1910, Baumwolle mit Webbortenbesatz mit mehrfarbigem Stielstich bestickt, Schrift in schwarzem Plattstich ausgeführt.
»Wenn du noch eine Mutter hast,
so sollst du sie mit Liebe pflegen,
damit sie einst ihr teueres Haupt
getrost dann kann zur Ruhe legen«
70 x 130 cm

Abb. 79
Deckchen, um 1890, Baumwolle mit masch. Klöppelspitze eingefaßt, mit rosa Kreuzstick bestickt.
»Guten Appetit«,
19 x 28 cm

Abb. 80
Kinderteller aus Porzellan, Ende 19. Jhdt.
»Iß hübsch Deinen Teller leer,
das Compot kommt hinterher!«
15 cm ∅

80

F37

Abb. F37
Wandbehang, 1910/20, Baumwolle mit Webborte eingefaßt, mit Stiel- und Plattstich verziert. »Nur eine Mutter weiß allein, was lieben heißt und glücklich sein« 50 x 72 cm

Abb. F38
Bettwandschoner um 1910, Baumwolle, mit Stiel- und Plattstich bestickt: »Engel Gottes Hüter mein, laß mich dir empfohlen sein« 75 x 170 cm, Ausschnitt

F38

Die Küche ist der Hausfrau Stolz

Die Küche

Die Mode, die Küche mit Stickereien förmlich auszuschlagen, kam Ende des 19. Jahrhunderts auf, als man der Küche allgemein größere Aufmerksamkeit schenkte und sie durch mehr Luft, Sauberkeit und Helligkeit hygienischer machen wollte. Dieses Ziel sollte vor allem auch durch glatte abwaschbare Möbel und helle Wände erreicht werden.

Wie eine moderne »bestickte« Küche im Jahre 1905 aussah, zeigt unsere Abbildung (Abb. 81). Moderne Möbel aber waren für die Allgemeinheit unerschwinglich — nicht so der Farbtopf zum Weisseln und Streichen und Stoff zum Besticken. Weiß bemalte alte Möbel und viele Decken und Behänge im »modernen Stil« konnten darüber hinwegtäuschen, daß das Mobiliar selbst noch altmodisch war. Wie vielfältig eine komplette Küchengarnitur
81 zu sein hatte, ist auf Abbildung 83 zu sehen. Ein Überhandtuch mit dem Spruch »Geschirr und Schrank immer blank«, ein Wasserhahnschoner, je ein Beutel für Lampenputzzeug und Topflappen, Schrankbrettstreifen (»Wie viele Liebesmühe legte/ die Mutter mit in diesen Schrein/ Und ihr, die deine Jugend pflegte/ Mein Kind, sollst du stets dankbar sein«), weiter ein Besenvorhang, ein Brot- und ein Frühstücksbeutel, die nicht abgebildet sind, aber laut Begleittext dazugehörten.

Wenn auch nicht alle Haushalte so komplett ausgestattet waren, ein Überhandtuch war in nahezu jedem Haushalt zu finden (Abb. 82), auch ein Wandschoner fehlte selten. Die Sprüche auf diesen beiden Objekten glorifizierten größtenteils die Küche als das Reich der Frau:

Die Küche ist die Seele der Hausfrau

Die Küche ist der Hausfrau Stolz

Meine Küche — mein Stolz

Meine Küche mein Heim

Meine Küche nett und rein
82 soll eine Musterküche sein

Abb. 81
Küche von 1905, mit Jugendstilstickereien.

Abb. 82
Küche von 1904; neben dem Fenster hängt ein Überhandtuch mit dem Spruch: »Trautes Heim — Glück allein«
Sunlicht Reklame

Abb. 83
Küchengarnitur, Stickvorschlag einer Handarbeitsbeilage von 1910

83

Abb. F39 →
Überhandtuch um 1895, Leinen mit Stiel- und unterlegtem Plattstich bestickt. »Eigner Herd Goldes wert«
Fragment

Abb. F40 →
Überhandtuch um 1900, Leinen mit eingewebten Querstreifen und Plattstich- und Tambourirstickerei. »Achtsamkeit üb' allezeit«
120 x60 cm, Ausschnitt

F39

F40

Die Küche ist die schönste Zier
Des ganzen Haushalts, glaube mir

Darunter beliebte »Herd-Verse« wie

Eigener Herd ist Goldes wert (Abb. 84, F39)

Mein Herd mein Stolz

Der Küche Wert
ein sauberer Herd

Ist klein der Herd, wenn alles blitzt
kann glücklich sein, wer ihn besitzt

Schlecht ist es mit dem Haus bestellt
wo bei dem Herd die Köchin fehlt

Geh nie im Zorn von deines Hauses Herd
gar mancher ging, der nie zurückgekehrt

Geh nie ohne Gruß von deines Hauses Herd
man weiß nie ob man wiederkehrt.

Wesentlicher Inhalt der Stickereien waren logischerweise auch das Kochen und Essen:

Koche gut

Kochen ist meine Freud

Koche mit Bedacht

Koch allein und bleib dabei

Für ein gut Gericht
Scheue Arbeit nicht

Ein gutes Mahl
lohnt Müh und Qual

Zum Kochen braucht man Geld und Ruh'
aber keinen Mann dazu

Jede Gattin klug und weise
Kocht des Mannes Lieblingsspeise (Abb. 85)

Der beste Schatz für einen Mann
ist eine Frau die kochen kann.

Koche gut zu Haus
geht dein Mann nicht aus

Weißt du wie's am besten schmeckt
frisch gekocht und rein gedeckt

Erst prob's dann lob's

Abb. 84 a-d
Überhandtücher für die Küche, Ende 19. - ca.1920, alle auf Leinen oder Halbleinen in rotem Stiel- und Plattstich gestickt.
»Eigener Herd ist Goldes wert«
Durchschnittl. Größe 120 x 55 cm

84a

84b

Abb. 85
Wandbehang, Ende 19. Jhdt., Baumwolle mit rotem Kattunbesatz, rote Stiel- und unterlegte Plattstich-Stickerei.
»Jede Gattin klug und weise kocht der Mannes Lieblingsspeise«
55 x 91 cm

84c

84d

85

F41

Abb. F41
Überhandtuch um 1910, Leinen mit Stiel-, Platt- und Spannstich dekoriert. »Ordnungssinn bringt Gewinn.«
100 x 58 cm, Ausschnitt

Abb. F42
Topflappen-Behälter, 1905/10, Aidastoff mit Webborte eingefaßt und schwarzem Kreuzstich bestickt.
42 x 25 cm

F42

86
87

Abb. 86
Überhandtuch für die Küche, um 1900, Aidastoff mit rotem Satinbesatz, mit rotem Kreuz- und Steppstich verziert.
»Der Küche Wert ein sauberer Herd«
95 x 55 cm

Abb. 87
Überhandtuch, um 1920, Baumwolle an den Kanten languettiert, mit Stielstich- und Plattstich-Stickerei verziert (rot).
»Schmeckt daheim der Schmaus
Bleibt der Mann zuhaus«
106 x 56 cm

Abb. 88
Wandbehang, 1910/20, Javastoff mit rotem Kattunbesatz, Stickerei in rotem Stielstich und Plattstich ausgeführt.
»Zum Kochen braucht man Geld und Ruh'
aber keinen Mann dazu.«
54 x 90 cm

88

Abb. 89
Wandbehang für die Küche, Anfang 20. Jhdt., aus Leinen. Mit roten Languetten und Stiel- und Plattstich-Stickerei verziert. »Meine Küche nett und rein soll eine Musterküche sein« 54 x 87 cm

Abb. 90
Wandbehang, Ende 19. Jhdt., Javastoff rot languettiert, mit rot-hellrotem Garn in Stielstichtechnik bestickt. »Mein grösstes Glück, mein grösste Freud' ist meine stille Häuslichkeit!« 51 x 90 cm

89

90

91

Abb. 91
Wandbehang, um 1900, Javastoff mit languettierten Kanten. Rote Stielstich-Stikkerei
»Am häuslichen Herd sei Glück Dir bescheert!«
53 x 90 cm

92

93a

Abb. 92
Löffelblech, um 1900, weiß emailliert mit farbigen Schwertlilien und schwarzer Schrift bedruckt.
»Suche das Glück nicht weit es liegt in der Häuslichkeit«
55 x 32 cm

Die Sprüche waren nicht auf Textiles beschränkt!

Abb. 93a
Häusliche Tugend: Sauberkeit; Überhandtuch, mit rotem Stiel- und Plattstich bestickt, um 1900
»Sauberkeit in Küch' und Keller,
Etwas Gutes auf dem Teller.«
120 x 57 cm

Abb. 93b
Häusliche Tugend: Pünktlichkeit; Überhandtuch, rote Stiel- und Plattstich-Stickerei, um 1910
»Pünktlichkeit bannt Sorg u. Streit«
100 x 52 cm

Abb. 93c
Häusliche Tugend: Frohsinn; Überhandtuch mit hellblauer Stiel- und Spannstich-Stickerei, um 1910
»Ein frohes Gesicht das beste Gericht«
102 x 50 cm

93b

93c

Beim Anblick der Tücher memorierten die Frauen in der Küche vermutlich stets den hohen Wert ihres zurückgezogenen Lebens (Abb. 91). Das »Illustrierte Haushaltslexikon« von 1884 behauptet, daß die »Häuslichkeit eine der vorzüglichsten Eigenschaften der Hausfrau« sei: »Häufiger Besuch von Kaffee- und Theegesellschaften, Kränzchen, Bällen und andern Lustbarkeiten, Herumlaufen auf Straßen und Promenaden verträgt sich nicht mit den Pflichten einer Hausfrau. Denn nicht nur vernachlässigen vergnügungssüchtige Frauen die Kinderzucht, sondern es arbeiten auch die Dienstboten, wenn Aufsicht und Kontrolle fehlen, wenig und schlecht, abgesehen davon, daß der Veruntreuung Vorschub geleistet wird.« Also:

Häuslich sein bringt Glück

Am häuslichen Herd
sei Glück dir beschert

Suche das Glück nicht weit,
Es liegt in der Häuslichkeit

Mein größtes Glück meine größte Freud
Ist meine stille Häuslichkeit

Geld und Gut kann rasch entschwinden
Schönheit welkt in kurzer Zeit
Glück und Wohlstand zu begründen
Das vermag nur Häuslichkeit.

Die Behänge boten den gesamten Tugendkatalog, dem eine Hausfrau verpflichtet war, Fleiß, Pflichterfüllung, Frohsinn, Pünktlichkeit, Achtsamkeit (Abb. F40) und vor allen Dingen Ordnungssinn und Sauberkeit (Abb. F41), denn

Der Hausfrau Beruf,
Zu dem sie Gott erschuf,
Ist, in dem Hause still zu walten,
Mit Fleiß die Ordnung zu erhalten!

»Den besten Prüfstein für die Ordnungsliebe der Hausfrau bietet die Küche mit ihrer zweckmäßigen Einrichtung, mit ihren Regalen, in denen alle Töpfe der Größe nach geordnet, mit sämtlichen Henkeln nach einer Richtung, stehen.«[62] So in einem Ratgeber für Herd und Haus zu lesen.

In den Ermahnungen und Ermunterungen, die von Handtuch und Decke, von Wandbehang und Überwurf auf die Hausfrauen eingewirkt haben, mögen vielleicht manche von ihnen einen kleinen Trost gefunden haben; eine wirkliche Hilfe in der Bewältigung des Arbeitspensums können sie kaum

94

Abb. 94
Überhandtuch, um 1900, aus Leinen mit Häkelspitze besetzt und mit rotem Stiel- und Plattstich bestickt.
»Merk es Köchin Dir genau,
hälst Ordnung Du,
ist gut die Frau«
118 x 55 cm

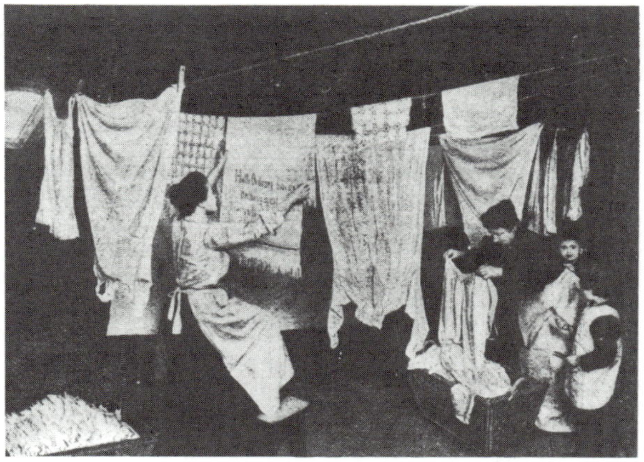

Abb. 95
Beim Wäscheaufhängen; die Hausfrau hängt gerade ein Handtuch über die Leine, das mit einem Spruch bestickt ist. Er beginnt: »Halte Ordnung . . .« Sunlicht-Reklame von 1905

Abb. 96
Wandbehang, um 1900, Baumwolle mit rotem Stielstich bestickt. »Kohlen sind von großem Nutzen, musst aber auch den Ofen putzen.« 52 x 87 cm

gewesen sein. Man muß sich vorstellen, wie schwer es war — vor allem noch vor der Jahrhundertwende — einen Haushalt zu führen. Die Hausfrau stand einem »Kleinbetrieb« vor, denn 12 Familienmitglieder mit Kindern, Großeltern und unverheirateten Tanten, eventuell auch noch Dienstpersonal, waren im Großhaushalt alten Zuschnitts keine Seltenheit. Sie alle mußten verköstigt und versorgt werden und zwar unter relativ schlechten Arbeitsbedingungen, ohne elektrische Hilfsgeräte, bei mühevoller Vorratshaltung und häufig mit geringen finanziellen Mitteln.

Zweifelsohne dienten die Sprüche nicht nur zur Erbauung der selbstarbeitenden Hausfrau (Abb. 95), sondern sie wurden von der »Frau« auch für ihre Dienstboten gestickt:

Merk es Köchin dir genau
Hältst Ordnung du
ist gut die Frau

Schaffe spät und früh
stets mit Fleiß und Müh
die Frau belohnet sie!

Köchin spare mit dem Feuer
denn die Kohlen sind gar teuer

Interessant ist auch ein rotbestickter Wandbehang aus Leinen, dessen Ermahnungen sicher dem Hauspersonal galten:

Regeln für's Haus

Die Zimmer gelüftet des morgens gar bald
Bei jeglichem Wetter — ob warm oder kalt.
Vorsicht mit Feu'rung
Brauch nie dazu Petroleum.
Petroleum vergiss das nicht,
Hat schon manch Unheil angericht'.
Es liegt ein allgewaltger Zauber
In dem kleinen Wörtchen »sauber«
Polstermöbel muß man klopfen,
Wasserleitung nicht verstopfen.
Unsaubre Fenster betracht als Feind
Doch putze sie nie, wenn die Sonne drauf scheint.

Wer unachtsam etwas zerbricht,
Sei ehrlich und verhehl' es nicht.
Was immer man thut:
Auch das Schließen der Thüren
Soll man womöglich geräuschlos vollführen.
Die Lampen setze bei Tage in Stand
Damit sie fertig des Abends zur Hand.[63] 95

Soweit unsere kleine Auswahl aus der Menge der Sprüche für's Überhandtuch und für den Wandbehang hinter dem Anrichtetisch oder an irgendeiner anderen Stelle in der Küche. Für den Wandschutz hinter Herd und Ofen gab es oft ganz spezielle Sprüche, die nur dorthin paßten:

Kohlen sind von großem Nutzen
mußt aber auch den Ofen putzen

96

Kohlen sind ein teures Gut
Verbrauch sie nicht im Übermut.

Neben dem Herd befand sich noch ein anderes kleines Tuch, mit der Bezeichnung »Feuerung« daraufgestickt, in der Mitte ein kleines eingefaßtes Loch für den Wandhaken der Kohlenschaufel.

Etwas absonderlich erscheinen auch die »Wasserhahnschoner« (Abb. 97) mit einem oben abgerundetem Schlitz für den Wasserhahn. Sie sollten freilich nicht den Wasserhahn, sondern die Wand dahinter schonen. Sie tragen Inschriften wie »Frisches Wasser« oder »Die kühle Flut gibt frohen Mut«.

In Küchen, die noch keinen Wasseranschluß hatten, stand in der Ecke eine »Wasserbank« mit

97

Abb. 97
»Wasserhahnschoner«, um 1920, Baumwolle mit rosa Leinenbesatz, bestickt mit rotem Stiel-, Spann- und unterlegtem Plattstich.
»Die kühle Flut
giebt frohen Mut«
49 x 46 cm

Abb. 98
Wandbehang hinter der Wasserbank, Ende 19. Jhdt., Javastoff mit rotem Stielstich bestickt.
»Beim Wasserbankerl
nett und rein
darf niemals ausgeschüttet sein«
52 x 90 cm

Abb. 99
Decke, Ende 19. Jhdt., aus Leinen mit hellblauem Köperbesatz. Bestickt im Stiel- und Plattstich in zwei verschiedenen Blautönen.
»Des Wasser's Kraft
Gesundheit schafft.«
95 x 180 cm (Ausschnitt)

den Eimern. Dahinter hing zum Schutz der Wand wieder ein Tuch mit beispielsweise folgender Inschrift:

Beim Wasserbankerl nett und rein
darf niemals ausgeschüttet sein (Abb. 98).

Über diesen Eimern hing nachts eine große Decke mit Bleigewichten in den Ecken, damit sie fest heruntergezogen wurde und das Wasser sicher vor Staub schützte. Ähnliche Decken gab es auch für die Badewanne. Darauf war gestickt:

Des Wassers Kraft Gesundheit schafft (Abb. 99)

Die Besenecke verdeckte ein großer Behang, auf den meist Schaufel und Besen, Schrubber und Eimer gestickt waren und einer der Sprüche

Ordnung hilft haushalten (Abb. 100)

Beim Wasserbankerl nett und rein
darf niemals ausgeschüttet sein.

98

Des Wasser's Kraft
Gesundheit schafft.

99

100

Abb. 100
Vorhang für die Besenecke, um 1910/20, Hanf mit rotem Kattunbesatz und roter Stielstich- und Plattstich-Stickerei.
»Ordnung hilft haushalten«
165 x 73 cm

Abb. 101
Behälter für das Lampenputzzeug, Ende 19. Jhdt., ungebleichtes Leinen in Tambourirtechnik bestickt.
»Vergiss nicht am Morgen die Lampen zu besorgen«
35 x 35 cm

101

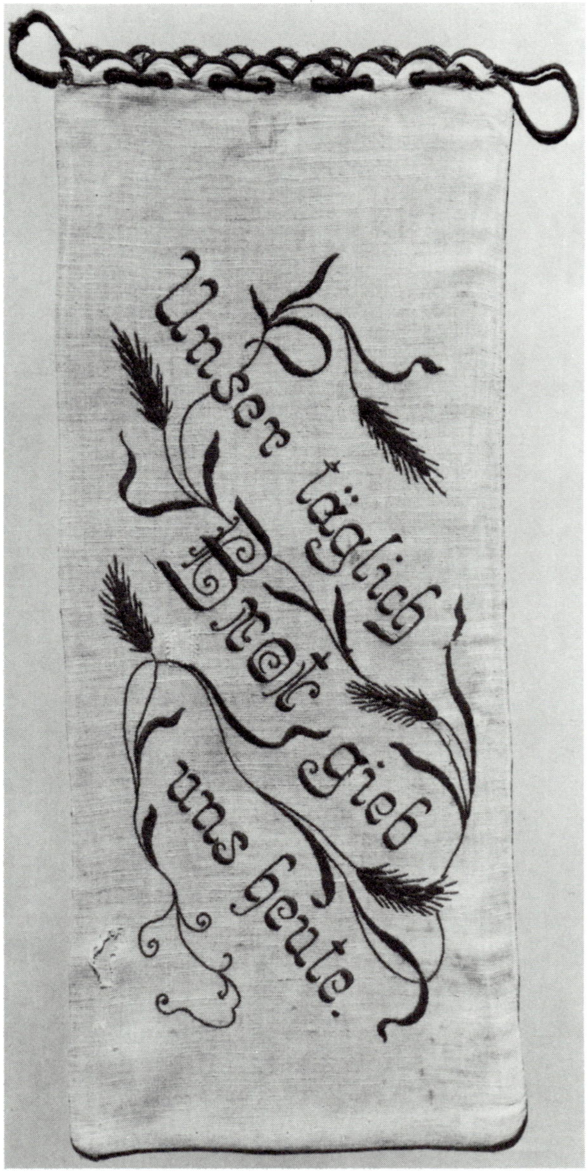

102

Frisch geregt, rein gefegt

Willst du eigen sein, halt die Besen rein.

Außerdem gab es in der Küche allerlei Behälter für »Topflappen« (Abb. F42) und für das »Lampenputzzeug«, auch mit Sprüchen verziert:

Vergiß nicht am Morgen
die Lampen zu besorgen (Abb. 101)

Die Lampen setz bei Tag in Stand
Damit sie fertig des Abends zur Hand

Halte rein die Lampe dein
Dass hell erstrahlt der Lampe Licht
Vergiß zu putzen diese nicht.

Auch die Beutel für »Brot«, »Brötchen«, »Semmeln«, »Frühstück« und »Zwiebeln« trugen eine aufgestickte Inschrift und auf der Decke für den Einkaufskorb war meist »Guter Einkauf« aufgestickt. Selbstverständlich war auch die Küchentischdecke nicht ohne Reime:

Dem Tische Schutz
der Küche Putz (Abb. 104)

Der Küche Zier ist Reinlichkeit

Sich regen bringt Segen.

Auf den Borten für die Bretter des Küchenschranks stand mahnend:

Macht nicht zuviel Scherben
Sonst bleibt für unsere Erben
Der leere Küchenschrank

auf den Küchenbrettstreifen optimistisch:

Wenn alle Künste untergehn
Kochkunst ewig bleibt bestehn. (Abb. 105)

103

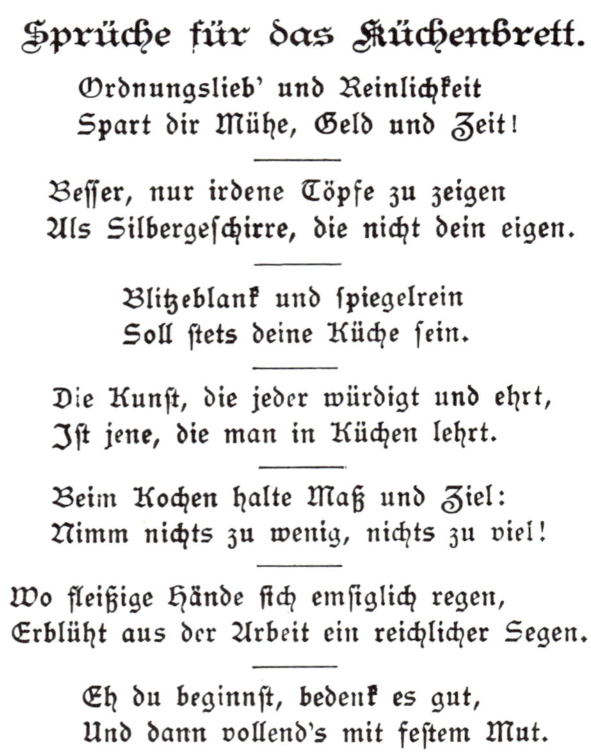
Sprüche für das Küchenbrett.

Ordnungslieb' und Reinlichkeit
Spart dir Mühe, Geld und Zeit!

Besser, nur irdene Töpfe zu zeigen
Als Silbergeschirre, die nicht dein eigen.

Blitzeblank und spiegelrein
Soll stets deine Küche sein.

Die Kunst, die jeder würdigt und ehrt,
Ist jene, die man in Küchen lehrt.

Beim Kochen halte Maß und Ziel:
Nimm nichts zu wenig, nichts zu viel!

Wo fleißige Hände sich emsiglich regen,
Erblüht aus der Arbeit ein reichlicher Segen.

Eh du beginnst, bedenk es gut,
Und dann vollend's mit festem Mut.

Abb. 102
Brotsack, Ende 19. Jhdt., ungebleichtes Leinen mit roter Stielstich- und unterlegter Plattstich-Stickerei »Unser täglich Brot gieb uns heute«
61 x 25 cm

Abb. 103
Vorschläge zum Besticken der Küchenbrett-Streifen in einem Mädchen-Jahrbuch von 1895

Abb. 104
Tischdecke, Ende 19. Jhdt., Baumwollköper mit rotem Kattunbesatz und roter Stielstich- und unterlegter Plattstich-Stickerei. »Dem Tische Schutz, der Küche Putz.«
66 x 96 cm

Abb. 105
Brettstreifen, Ende 19. Jhdt., Baumwolle mit roten Languetten und rotem Stielstich verziert. »Wenn alle Künste untergeh'n, Kochkunst ewig bleibt besteh'n«
13 x 89 cm

Dem Tische Schutz
der Küche
Putz.

104

Wenn alle Künste untergehn
Kochkunst ewig bleibt bestehn

105

Glückliche Reise

Reiseausstattung

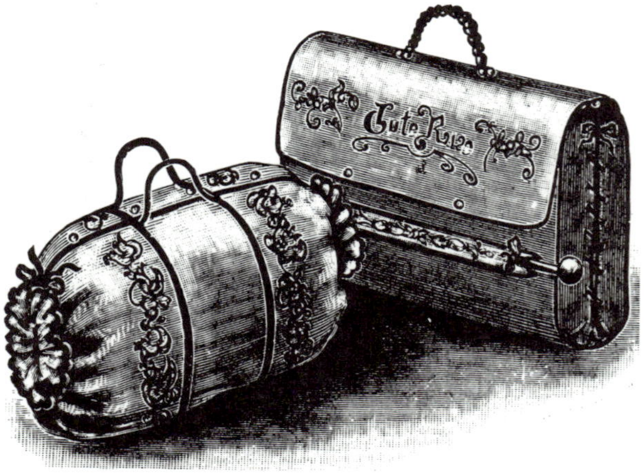

106

Trotz allen Verbundenseins mit dem »Trauten Heim« gehörte die alljährliche Reise in einen Badeort für die gehobene Mittelschicht zum guten Ton. Die großen Reisekoffer wurden mit zahllosen Kleidern für alle Gelegenheiten und Anlässe vollgepackt, die Hutschachteln mit komplizierten Gebilden gefüllt. Für das Handgepäck aber nähte die gewissenhafte Hausfrau eine »Plaidhülle« (für die Reisedecke) mit praktischen, versteckten Taschen (Abb. 106). Auf die Vorderseite stickte sie außer einer Schwalbe die Worte »Glückliche Reise« (Abb. F43) und auf die dazu passende Schirmhülle »Gute Reise!« (Abb. 108). Für die anstrengende Fahrt fertigte sie vorsorglich ein Reisekissen »Ich bitte um Ruhe« (Abb. 112) oder »Bitte nicht stören«.

Kaum angekommen, erstand manch fleißige Stickerin eine Decke oder Kissenplatte mit der bereits aufgepausten Ansicht des Ferienortes samt seiner geographischen Bezeichnung und schmückenden Attribute: »Schloss Heidelberg« (Abb. F46), »Alt Heidelberg du feine, du Stadt an Ehren reich«, »Festung Marienberg«, »Die Wartburg«. Dann begann die reisende Dame zu sticken. War sie weniger besessen von dieser Tätigkeit, kaufte sie am Urlaubsort allerlei von einer Heimarbeiterin gestickte Deckchen und Taschentücher (Abb. F44).

Die weniger Begüterten, die sich eine Erholungsreise nicht leisten konnten, fanden, sofern sie katholisch waren, trotzdem Gelegenheit für eine kleinere oder größere Reise. Sie machten alle paar Jahre eine Wallfahrt: nach Maria Zell, nach Echternach, Altötting, um nur einige der berühmten Orte zu nennen. Auch von dort brachte man Gesticktes, oder zumindest Stickvorlagen als Andenken mit (Abb. F47).

Es war auch möglich, Votivtafeln zu sticken, wenngleich diese Danksagungen für erflehte und erlangte Hilfe im allgemeinen gemalt waren[64] (Abb. 107).

Eine andere Art der Fortbewegung kam um die Jahrhundertwende groß in Mode: Das Radfahren. Auch diese Tatsache ließ die Stickerinnen tätig werden. Eine Hausfrauenzeitschrift schlug 1899 in ihrer Handarbeitsrubrik das Sticken eines »Radfahrergurtes« vor, der in der Mitte die Inschrift »All-Heil« tragen sollte. Radfahrergürtel mit der gleichen Grußbotschaft und anderen Radfahr-Symbolen wurden auch im »Hauptkatalog der Fa. Stukenbrok« von 1912 angeboten.

Die jugendbewegten Gruppen der Jahre 1900 bis 1930, die lieber zu Fuß gingen, hatten meist eine Laute bei sich, an deren Hals vielfarbige Bänder flatterten, bemalt und bestickt von Wanderfreunden und -freundinnen mit Liederzeilen und Versen:

Du bist wie eine Blume

Singe, wem Gesang gegeben

Leise zieht durch mein Gemüt

Gesang erfreut das Herz. (Abb. F45)

107

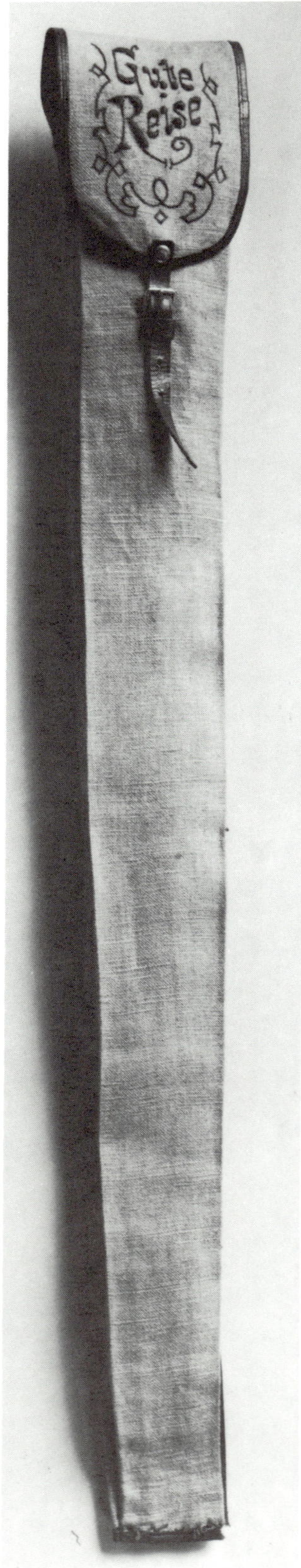

10

Abb. 106
2 »Plaidhüllen« für die Reisedecke. Handarbeitsvorschlag in einer Hausfrauenzeitschrift von 1898

Abb. 107
Votivtafel
Kreuzstichmuster-Vorlage von 1903

Abb. 108
Schirmhülle für die Reise, Ende 19. Jhdt., Hanf mit Ledereinfassung, in Stielstich und unterlegter Plattstich-Stickerei in Rotbraun bestickt.
»Gute Reise«
76 x 10 cm

Abb. 109
Überhandtuch um 1930
Leinen mit blauem Kreuzstich bestickt
»Alt Heidelberg du feine Du Stadt an Ehren reich«
110 x 50 cm

109

110

Abb. 110
Deckchen um 1920
rot/blauer Stiel- und Kettstich auf Leinen. Hohlsaumkante
»Die Wartburg«
25 x 32 cm

111

Abb. 111
Deckchen um 1900
Leinenzwirn-Crêpe mit eingewebter Randkante, Fransen; mehrfarbig in Stiel- und Plattstichstickerei bestickt.
»Gruß aus Bad Lauterberg«
23 x 32 cm

Abb. 112
Reisekissen, um 1905, Baumwollköper mit gefälteltem Kattunrand. Stickerei in rotem Stielstich und unterlegtem Plattstich.
»Ich bitte um Ruhe«
47 x 51 cm

112

113

Abb. 113
Plaidtasche, Anfang 20. Jhdt.
roter Kreuz-, Stiel- und Plattstich auf Rohleinen
»Gute Reise«
34 x 60 cm

Abb. F43
Plaidtasche, Ende 19. Jhdt., Hanf mit Stielstich- und unterlegter Plattstich-Stickerei.
»Glückliche Reise«
37 x 61 cm, Ausschnitt

(Vignette ohne Zahl)
Radfahrergürtel
Versandhaus August Stukenbrok, Hauptkatalog 1912, S.63

F43

Frohes Fest!

Gesticktes für fröhliche und ernste Feiern

Geburt und Tod als Anfang und Ende des Menschseins begegnete man feierlich; ein Anlaß für festliche Stickereien.

Trug man ein Kind zur Taufe, bekleidete man es mit einem Taufkleidchen und einem Mützchen in feinster Handarbeit; Steckkissen und Taufdecken waren reich bestickt. 1908 druckte »Monika«, die Zeitschrift für katholische Mütter und Hausfrauen, ein Stickmuster für eine komplette Taufgarnitur ab und erläuterte:

»Mit diesen Abbildungen bieten wir unseren Leserinnen einige überaus sinnige Originalzeichnungen zur Verzierung der Taufgarnitur. Eine solche eignet sich in vorzüglicher Weise als Geschenk für eine junge Mutter. Bei der Taufe eines jeden Kindes benützt, ist eine spezielle Taufgarnitur ein wertvolles Andenken in jeder Familie und kann sich auf Kindeskinder vererben. Junge Mütter, angehende Großmütter, Schwestern und Freundinnen werden gerne zu diesen reizvollen Mustern greifen, um eine neu gegründete Familie mit einem hübschen Taufzeuge zu versehen.

Heckenrosen-Kränze und ein Gebet im Spruchband dienen zur Verzierung der Taufdecke, welche an die Stelle des früher üblichen Taufkleides getreten ist und dem Kindchen bei der Hl. Taufe übergelegt wird. Die Größe der Decke ist ungefähr 85 x 100 cm. Man fertigt sie aus weißem feinen Batist, aus weißer Seide oder aus Tüll mit Satin oder Seide unterfüttert.«[65]

Das Steckkissen wurde aus gleichem Material gearbeitet und mit einem entsprechenden Blütenkranz und dem Spruch »Behüt dich Gott« in Plattstich bestickt, während das Taufjäckchen nur mit Heckenrosen verziert wurde.

Genau wie die Taufgarnitur in der Familie aufbewahrt und von Kind zu Kind weitergegeben wurde, war der streng katholische Haushalt auch für den Todesfall vorbereitet. Das »Verseh-Zeug«, das der Geistliche zur »Letzten Ölung«, der Salbung von Schwerstkranken oder Sterbenden, benötigt, gehörte zur Aussteuer. Im wesentlichen bestand es aus dem Sterbekreuz, zwei Kerzenleuchtern und dem »Verseh-Tuch« (Abb. 115), das häufig — ähnlich den Altardecken — sehr schön bestickt war; meist rot auf Leinen mit einem dem Anlaß gemäßen Symbol, Kelch, Passionsblume, Christus oder mit Engel und Gebeten:

Auf unserer letzten Reise sei Jesus unsre Speise

Mein Jesus Barmherzigkeit.

Kommet alle zu mir

Den Verseh-Tüchern ähnlich, sind die Decken für das Fronleichnamsfest mit denselben Motiven und entsprechenden Texten bestickt. Die Zeitschrift »Monika« schreibt 1905 zu diesem Thema: »Die Sitte, an Fronleichnam die Häuser zu zieren, an denen die Prozession vorüberzieht, ist allgemein verbreitet und sehr schön. Man schmückt die Wände der Häuser mit »Maien« oder Tannengrün und ziert die Fenster in verschiedenen Weisen. Stets machen sich von den Fensterbänken herabhängende Decken schön, die am unteren Rande oder an drei Seiten mit einer Stickerei oder Spitze versehen sind ... Man arbeitet, wenn möglich, die Deckchen für sämtliche Fenster eines Hauses übereinstimmend. Am schönsten ist es, sie mit Inschriften zu versehen. Angenommen, die Front eines Hauses habe fünf Fenster, so könnte man auf die Decke des Fensters in der Mitte nehmen: »Hochgelobt sei das allerheiligste Sakrament!« Rechts »Hochgelobt sei Jesus Christus« und »Mein Gott und mein Alles« Links »Heilig, heilig, heilig« und »Mein Jesus Barmherzigkeit« (Abb. 116).

Wenn man vor dem Haus einen Altar aufbauen will, kann man dazu noch eine passende Altardecke sticken.«[66] (Abb. 114)

114

Abb. 114
Altartuch, um 1910, Baumwolle mit rotem Stielstich und rotem Plattstich verziert.
»Hochgelobt sei das allerheiligste Sacrament des Altares«
78 x 104 cm

Abb. 115
Verseh-Tuch, 19. Jhdt., Leinen mit rotem Stiel- und Plattstich bestickt.
»Ecce homo.
O Herr ich bin nicht würdig, daß Du eingehst unter mein Dach«
78 x 107 cm

Abb. 116
Fronleichnams-Tücher, um 1910, Leinen mit Häkelspitze. Rot bestickt mit Stiel-, Knötchen- und Plattstich.
a) »Göttliches Kind Jesus erbarme Dich unser!«
b) »Heiligstes Herz Jesus ich vertraue auf Dich«
je 63 x 83 cm

Abb. F44 →
Taschentuch zur Erinnerung an St. Quentin 1917, Baumwollbatist mit Tüllspitze und Seidenstickerei in Platt- und Stielstich.
28 x 28 cm

Abb. F45 →
Lautenbänder von 1921, Seide mit mehrfarbigem Seidengarn in Stiel- und Plattstich bestickt.
»Aus Freundschaft gewidmet,
Gesang erfreut das Herz«
»Du bist wie eine Blume«
»Leise zieht durch mein Gemüt«

O Herr! ich bin nicht würdig, daß Du eingehst unter mein Dach!
Ecce homo!

115

Göttliches Kind Jesus erbarme Dich unser!
Heiliges Herz Jesus ich vertraue auf Dich!

116

F44

Reise zieht durch mein Gemüt
M F
Gesang erfreut das Herz
Du bist wie eine Blume
M F

F45

In manchen katholischen Haushalten haben diese Decken nicht nur bei Festen Verwendung gefunden, sondern das ganze Jahr über den Hausaltar geschmückt.

Ein großes Familienfest, das unabhängig von der Konfession gefeiert wird, hat spezifische Stickereien hervorgerufen, das Weihnachtsfest. Es lohnte sich zu sticken, weil die Decke für das Weihnachtszimmer zusammen mit Christbaumständer, Schmuck und Kerzenhaltern aufbewahrt und jedes Jahr zur Weihnachtszeit erneut verwendet wurde.

Die Ränder der Decke waren bestickt mit Tannenzweigen oder Kerzen und weihnachtlichen Liedanfängen: »O Tannenbaum, o Tannenbaum«, »O du fröhliche, o du selige, gnadenbringende Weihnachtszeit« (wie auf einer Decke der Versandfirma Mey & Edlich, Leipzig/Plagwitz, zu lesen ist, die 1905 als »Neuheit für den Weihnachtstisch« angeboten wurde).

Außer diesen großen Decken gab es Tablettdeckchen mit dem Wunsch »Frohes Fest« und sogar spezielle Wandbehänge (Abb. 118), die man nur zur Weihnachtszeit im Wohnzimmer aufhängte, z.B. mit einem Nikolaus und dem Spruch

Weihnachtsmann wir seh'n dich gern
bring' uns Glück von Nah' und fern!

Abb. 117
Weihnachtszimmer von 1915 mit weihnachtlich besticktem Wandbehang und »Weihnachtsdecke«

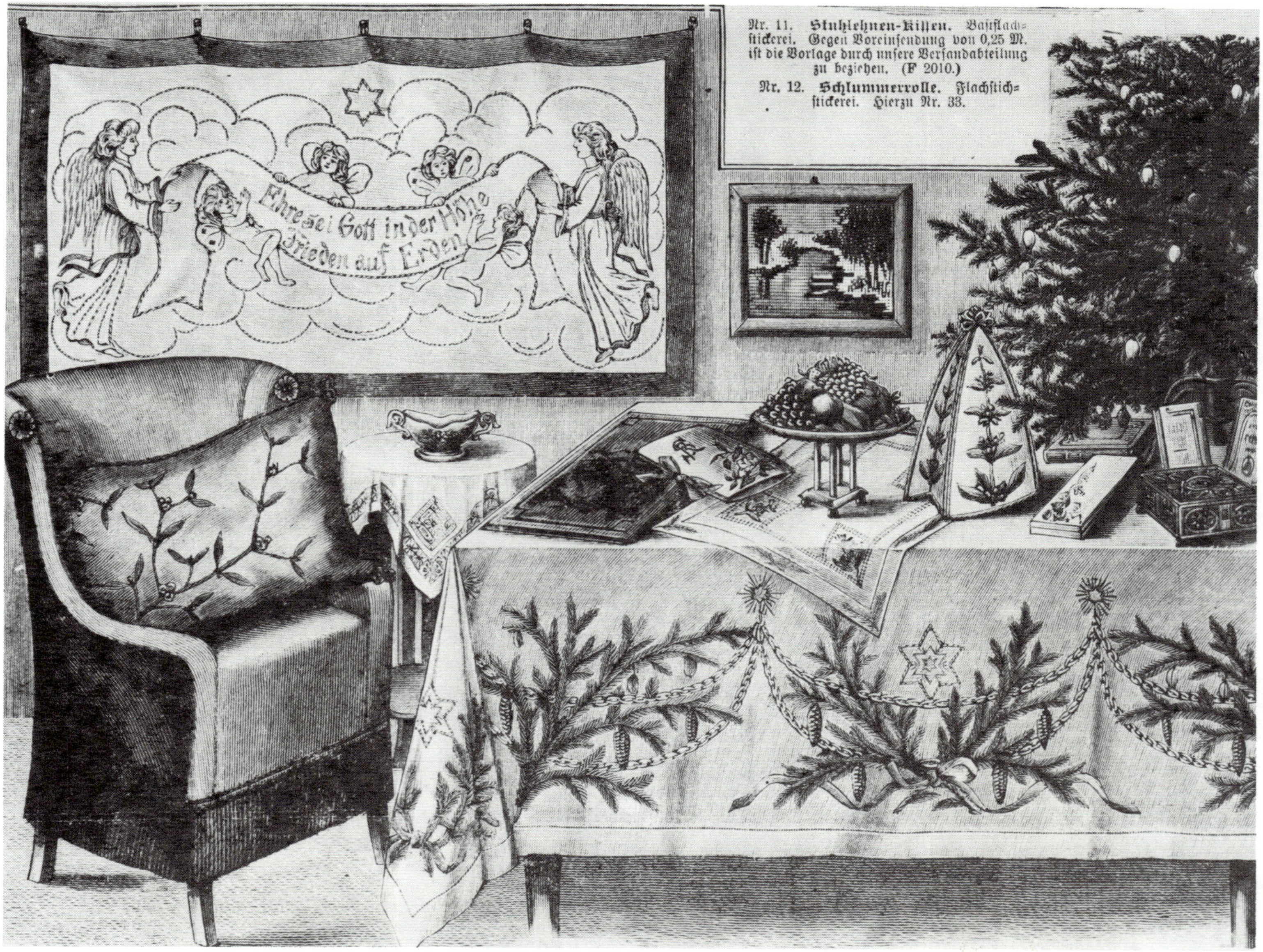

117

Abb. 118
Wandbehang für's Weihnachtszimmer, um 1910, Baumwolle mit rotem Kattunbesatz, bestickt mit rotem Stiel- und Plattstich.
»Weihnachtsmann wir seh'n dich gern
Bring uns Glück von Nah' und fern«
54 x 85 cm

Weihnachten animierte noch aus anderen Gründen zum Sticken von Sprüchen: Gestickte Sprüche als Geschenk! Die meisten Hausfrauen- und Modezeitungen machten es nämlich wie das »Praktische Wochenblatt für alle Hausfrauen, Fürs Haus«, das 1906 für seine Leserinnen unter der Rubrik »Geschenke« schrieb:

»Sprüche für Weihnachtsarbeiten. In die wonnige, strahlende Vorfreude auf das liebe Weihnachtsfest mischt sich bei vielen ein Ton der Sorge bei dem Gedanken, was soll ich schenken? Viele sind ja auch so mit Glücksgütern gesegnet, können sich kaufen oder arbeiten, was das Herz begehrt, daß man tatsächlich nichts, aber auch nicht das Geringste findet, was man solchen Glückskindern schenken soll. Da wären vielleicht Wandsprüche für dieses oder jenes Zimmer noch angebracht. Dieselben sind augenblicklich sehr modern, und z.B. in einem Speise- oder Herrenzimmer können mehrere angebracht sein, auch im Fremdenschlafzimmer hinter dem Bett fehlt womöglich noch ein moderner Wandschoner mit Spruch; unbedingt aber soll einer hinter dem Kinderbettchen sein.« Dazu wurden 24 »nicht gar zu bekannte Sprüche« als Anregung zitiert.[67]

118

F46

Abb. F46
Decke als Reiseandenken, Ende 19. Jhdt., sehr feines Leinen mit Hohlsaumeinfassung, Stielstich- und unterlegter Plattstich-Stickerei.
»Schloss Heidelberg«
59 x 66 cm

Abb. F47
Überhandtuch um 1900 Leinenzwirn-Crêpe, abgepaßt mit eingewebtem Randmuster und geknoteten Fransen. Stielstich-Stickerei.
»Andenken an Altötting«
114 x 47 cm

F47

Bildmotive und Spruchinhalte

Behänge als Wandbilder

*Abb. F48 →
Engelsköpfe auf einem Wandbehang, Ende 19. Jhdt., Leinen mit Stiel-, Platt- und Schlingstich-Stickerei
»Froh erwache jeden Morgen«
65 x 97 cm, Ausschnitt*

*Abb. F49 →
Überhandtuch von 1884, Leinen, abgepaßtes Handtuch mit eingewebter Querkante und geknoteten Fransen, verziert mit Stiel-, Platt- und Knötchenstickerei.
150 x 43 cm, Ausschnitt*

Die Stickerin faßte die Beschriftungen im Haushalt, die an sich reine Zweckfunktion haben, meist als Dekoration auf. Zu verwechseln waren vielleicht die verschiedenen Decken für Mangel, Wäschekorb und Nähmaschine, und eine Inschrift mochte angebracht erscheinen. Aber auch der Plättbrettbezug mit seiner charakteristischen, unverwechselbaren Form wurde überflüssigerweise in großen verzierten Buchstaben mit »Plättbrett« bestickt. Auch ein Teil der Beutel, Behälter und Bänder erhielt die Beschriftung nur zur Ausschmückung.

Die mit Sprüchen bestickten Behänge erfüllten außer ihrer zweckgebundenen Funktion — gleichzeitig schützendes Textil und moralischer Appell — auch ästhetische Ansprüche: sie funktionierten eindeutig als Wandbilder, mehr oder weniger kunstvolles Handwerk. Diese »Bilder« hatten auch einen Rahmen, der in der traditionellen Vorstellung vom Wandbild eine wesentliche Rolle zu spielen scheint[68]. Dieser Rahmen ist zweidimensional. Borten, farbige Stoffstreifen oder festonnierte Bogenkanten bilden den Abschluß, die Begrenzung zur Wand. Charakteristischerweise wird der Rahmen überall dort eingespart, wo die Kante nicht auf die freie Wand trifft, sondern z.B. von Tisch, Anrichte oder Regal begrenzt wird. Da das ziemlich häufig der Fall war, gibt es viele Wandbehänge, deren obere oder untere Kante ohne Besatz ist.

Die Schrift an sich stellt im allgemeinen das wesentliche »Bildmotiv« dar. Sie präsentiert sich in Schreibschrift (z.B. Abb. 128), oder in Versalien, in Fraktur (z.B. Abb. F58), und Antiqua (z.B. Abb. 101) und insbesondere in einer Vielzahl von Zierschriften (z.B. Abb. F6). Die Zeilen zeigen neben strenger paralleler Querführung (z.B. Abb. F21) häufig einen schrägen (z.B. Abb. 102) oder geschwungenen Lauf (z.B. Abb. 104). Die Buchstaben sind dick unterlegt (z.B. Abb. F26), einfach konturiert (z.B. Abb. 99) oder dünnlinig ausgeführt (z.B. Abb. 137). Schnörkel und kunstvolle Kapitalien (z.B. Abb. F4) betonen die Bildhaftigkeit der Schrift. Blumen, Zweige und Früchte wachsen in das Schriftbild ein (z.B. Abb. F59), dienen als Rahmen (z.B. Abb. 24). Als problemlos austauschbarer Dekor sind sie in Form von Festons, Kränzen, Sträußen oder Töpfen die beliebtesten Begleitmotive der Sprüche überhaupt. Sie wurden ungefähr genauso häufig verwendet wie alle anderen Motive zusammengenommen.

Auch ein Großteil der kleinen Szenen, die viele Sprüche begleiten, gehören nicht zwingend zum Text, sondern sind wie Blumen und Früchte austauschbare Bilder, die mit beliebigen Sprüchen kombiniert sein können, »Frau am Herd«, »Frau rupft Gans«, »Kinder am Tisch«, »Kinder spielend« usw.

Auch die Engel, ein bei den Stickerinnen besonders beliebtes Motiv, gehörten zwar als Schutzengel zu Gute-Nacht-Versen (z.B. Abb. F38), wurden aber meistens als Dekor verwandt. Sie halten Schilde oder Spruchbänder (Abb. 119) oder sind in der Art der Streublümchen auf den Stoff verteilt (Abb. F48). Ähnlich ist es mit dem Sujet »Kind«, das hübsch und lieb anzuschauen, positive Gefühle weckt, und wohl deshalb zu den besonders beliebten Motiven gehört (Abb. F49).

In gleicherweise unverbindlich wurden Pärchen, Tiere, Küchengeräte und Obstschalen als Dekor verwendet. Selbst das Holländermotiv, Landschaft mit Windmühle oder Figur in Holländertracht, das an sich Sauberkeit und Gediegenheit impliziert (Abb. F50, Abb. 120), muß für beliebige andere Tugenden herhalten. Dieses Motiv, das über die Delfter Kachel der Barock- und Rokoko-

F48

F49

119

Abb. 119
»Supraporte« mit Engeln, um 1900, über der Tür aufzuhängen. Baumwolle rot languettiert, mit rotem Stielstich bestickt.
»Wo Liebe da Frieden«
69 x 132 cm

küche der Schlösser im 19. Jahrhundert auch in den Bürgerküchen Eingang gefunden hatte, wurde schließlich auch von den Stickerinnen entdeckt, wie in der Zeitschrift für häusliche Kunst »Liebhaberkünste« 1895 zu lesen ist:

»Auf dem Gebiete der Leinenstickerei macht sich in letzter Zeit die Vorliebe für Landschaften bemerkbar, und zwar speziell für die so charakteristische Delfter Landschaft. Die Zeichnung wird, um den keramischen Originalen möglichst nah zu kommen, in der richtigen Delfter blauen Farbe, in Seide oder Baumwolle ausgenäht. Hauptsächlich eignen sich die zierlichen Formen der Bäume, der Schiffchen und schlanken Kirchtürmchen für kleine Gegenstände, Eisservietten, Taschentuchbehälter, Tablettdeckchen u.a.m. Größere Muster erhalten oft eine Flächentönung des Wassers, des Himmels oder des Vordergrundes.«

Nach der Jahrhundertwende wurden außer der Holländer Landschaft vor allem die Holländer Mädchen und Buben mit den charakteristischen Holzschuhen, der weißen Flügelhaube, bzw. der dunklen Mütze, auf die Küchenbehänge gestickt.

Das Zwergmotiv ist als Symbol für Fleiß und flinkes Arbeiten häufig mit dementsprechenden Sprüchen kombiniert, noch öfter aber ist es, genau wie die anderen Motive auch, zu reinem Dekor geworden.

Vor allem der Zwang zur »Garnitur«, der insbesondere in den ersten Jahrzehnten des 20. Jahrhunderts zur kompletten Ausstattung der Küche mit einheitlichen Bildmotiven führte, hat diese Entwicklung gefördert (Abb. 121). Da die Sprüche zur Übung der unterschiedlichsten Tugenden aufforderten, die Küche aber von einem einzigen Motiv beherrscht werden sollte, mußte sich der inhaltliche Zusammenhang zwischen Bildmotiv und Spruch zwangsläufig lockern.

Auf manchen Stickereien, vor allem auf den älteren, haben Bild und Text jedoch eine innere Verbindung. Beispielsweise ergeben »Waschschüssel« und »Waschkrug« oder »Frau mit Waschschüssel« (Abb. F53) zusammen mit dem Spruch »Guten Morgen« einen Sinn.

Auf Überhandtüchern des 19. Jahrhunderts und manchen späteren Wandbehängen tritt die Schrift teilweise hinter die bildliche Darstellung zurück. Das trifft besonders auf Bildszenen aus der Literatur oder dem Theater zu.

Eine der beliebtesten Vorlagen aus der Literatur, im 19. Jahrhundert immer wieder dargestellt, war Victor von Scheffels »Trompeter von Säckingen«. Das Buch — 1854 erstmals erschienen — wurde 1895 zum 216. Mal neu aufgelegt. Es sind einige bestimmte Bilder, aus der rührenden Liebesgeschichte, die die Frauen stets von neuem zum

Abb. 120
Küchengarnitur im Holländer-Muster, um 1910, Baumwolle mit verschiedenen Blautönen im Stiel- und unterlegten Plattstich bestickt. Wandbehang: »Ohne Fleiss kein Preis«

Abb. 121
Heinzelmännchen als Sinnbild für Fleiß, auf einem Musterbogen von 1924
59 x 85 cm

120

121

Abb. F50 →
Holländermotiv auf einer Küchentischdecke, um 1910, Baumwolle mit Stielstich- und unterlegter Plattstich-Stickerei.
»Getreulich walte, Ordnung halte«
67 x 135 cm, Ausschnitt

Abb. 122 →
Überhandtuch, 1910/20, Trompeter von Säckingen. Maschinen-Kettstich-Stickerei auf Baumwollköper.
»Behüt dich Gott es wär so schön gewesen«
122 x 51 cm

F50

Sticken animierten: die Szenen »Der Trompeter bringt der Geliebten das Trompeteblasen bei und der Kater Hidigeigei schaut zu« (Abb. F52) und »Der neben seinem Pferd stehende Trompeter bläst ein Abschiedslied zur Burg hinauf« (Abb. 122). Als Bildunterschrift erscheint das zum geflügelten Wort gewordene Zitat des Trompeters von Säckingen »Behüt' dich Gott, es wär so schön gewesen«.

Bekannte Szenen aus beliebten Opern und Operetten wurden realistisch nachgestickt, wie die Begrüßungsszene von Lohengrin mit dem Schwan und Elsa von Brabant, darunter im Schriftband »Lohengrins Ankunft« (Abb. F51), oder die Darstellung Schuberts mit drei hübschen Mädchen und der kleinen Inschrift »Das Dreimäderlhaus«, ein 1916 uraufgeführtes Singspiel, das der Ungar Berté aus Schuberts Melodien zusammengebraut und damit den Geschmack so mancher Stickerin getroffen hatte. (Abb. 123)

Bei den im religiösen Brauch fest verankerten gestickten Behängen für Altäre und kirchliche Feste stimmen Text und Bild meistens überein. Es handelt sich bei den Bildmotiven häufig um alte christliche Symbole (siehe Abb. 116), wie Traube, Ähre, Passionsblume, Lilie, Kelch, Herz, Lamm, Dornenkrone und Kreuz. Das mag daran liegen, daß nicht Modezeitschriften oder eigene Phantasie die Wahl der Muster bestimmten, sondern daß die Vorlagen häufig aus kirchlichen Quellen, meist Klöstern stammten. Diese versorgten die Redaktionen katholischer Hausfrauenzeitschriften mit „zu allen kirchlichen Arbeiten notwendigen Mustern", die vom Leser bezogen werden konnten. Monika, eine „Zeitschrift für katholische Hausfrauen und Mütter" druckte z.B. 1907 fünfzig als Stickmuster erhältliche Vorschläge mit Motiv- und Textangabe.

Unter den Entwürfen für religiöse gestickte Wandbehänge fehlt auch nicht das Motiv „Abendmahl" von Leonardo da Vinci (Abb. 124), das durch die populäre Druckgrafik, aber auch in der bäuerlichen Volkskunst weite Verbreitung gefunden hat.

Außer diesen religiösen Motiven und einem Teil der vielgestaltigen Blumenmuster sind alte aus der bäuerlichen Volkskunst stammende Darstellungen selten. Auch die in der volkstümlichen Bildwelt so bekannten Motive, wie die Vierjahreszeiten oder die 12 Monate bilden eine Ausnahme. Die Bildwelt der mit Sprüchen bestickten Behänge entstammt überwiegend bürgerlichen Bereichen.

122

Abb. F51
Überhandtuch, um 1900, Leinenzwirn-Crêpe mit geknoteten Fransen und Stielstich-Stickerei. »Lohengrins Ankunft.« 126 x 50 cm

Abb. F52
Überhandtuch, Ende 19. Jhdt., Leinenzwirn-Crêpe mit eingewebtem Streifen und geknoteten Fransen; Stickerei in Stiel- und unterlegtem Plattstich. »Behüt dich Gott« 100 x 45 cm

F51

F52

123

124

Abb. 123
Wandbehang, nach 1916, Baumwolle mit hellblauer Webborte, bestickt mit hellblauem Stiel- und Plattstich. »Das Dreimäderlhaus«
64 x 141 cm

Abb. 124
Wandbehang mit Abendmahlsszene, 1910/20, Baumwolle mit blauem Kattunbesatz. Die Stickerei ist in hell- und dunkelblauem Stiel- und Plattstich ausgeführt. »Und der Herr sprach: Wahrlich, sage ich euch jemand von euch wird mich verraten«
52 x 78 cm

Abb. 125
Wandbehang mit Sprichwort, um 1910/20, Javastoff mit rotem Kattunbesatz mit roter Stielstich-Stickerei. »Eine Hand wäscht die andere«
55 x 92 cm

Abb. 126
Überhandtuch, um 1900, Abgepaßtes Handtuch aus Leinenzwirn-Crêpe mit Durchbrüchen mit rotem Stielstich bestickt. »Wenn Du eine Rose schaust Sag' ich lass sie grüssen!«
118 x 46 cm

Quellen der gestickten Sprüche

Unter den vielen Sprüchen, die die Stickerinnen für ihre Arbeiten verwendet haben, finden sich bestimmt nur wenige selbstformulierte. Man griff gern zurück auf Überliefertes, auf Bibelzitate und Dichterworte, auf Glaubenssätze von zeitloser allgemeiner Gültigkeit, auf die man sich verlassen konnte. Wer sein Leben danach einrichtete, meinte nicht fehlgehen zu können. Sie waren in gleichem Maße auch Quelle für die gedruckten Wandsprüche wie für die brandgemalten Spruchtäfelchen.[69]

Insbesondere stützte sich das von der Stickerin verwendete Spruchgut auf überlieferte Weisheiten und auf volkstümliche Leitsätze, die im Spruch und im Sprichwort ihre knappste Ausdrucksform gefunden haben (Ohne Fleiß kein Preis, Morgenstunde hat Gold im Munde, Eine Hand wäscht die andere) (Abb. 125)

125

Im letzten Drittel des 19. Jahrhunderts wurden mehrere große Spruchsammlungen herausgegeben, wodurch das Interesse jener Zeit an dieser literarischen Gattung deutlich belegt wird. Ähnlich war es mit Zitatensammlungen; 1864 erschien Büchmanns Zitatenschatz »Geflügelte Worte«.

In einer Zeit, in der das Bildungsbürgertum höchstes Ansehen genoß, würzte man seine Rede gern mit entsprechenden Hinweisen (Goethe-, Schiller-Zitate oder wessen immer). Literarische Vorlagen, die Bildung dokumentierten, waren jedenfalls auch bei der Hausfrau sehr geschätzt. Am häufigsten traf man auf Schillerzitate (Abb. F54), insbesondere verständlicherweise aus dem »Lied von der Glocke«: Wo sonst wird die Hausfrau aus so berühmten Munde hoch gepriesen? Beliebt auch Heinezitate, etwa

Anfangs wollt ich fast verzagen
Und ich glaubt' ich trüg es nie,
Und ich hab' es doch getragen —
Aber fragt mich nur nicht wie.

oder

der Vers aus »Neuer Frühling«:

Wenn du eine Rose schaust
Sag' ich lass sie grüssen! (Abb. 126)

126

F53

Abb. F53
Überhandtuch um 1870,
Leinenzwirn-Crêpe mit
gehäkelter Spitze, Stiel-
stichstickerei, Schrift
in unterlegtem Plattstich mit
Stielsticheinfassung:
»Guten Morgen«
110 x 47 cm, Ausschnitt

Abb. F54
Überhandtuch, 1870/80,
Feines Leinen mit Klöppel-
spitze, bestickt mit Stiel- und
unterlegtem Plattstich.
»O! Daß sie ewig grünen
bliebe
die schöne Zeit der jungen
Liebe.«
122 x 54 cm

F54

127

Abb. 127
Überhandtuch, um 1890, Abgepaßtes Handtuch aus Leinenzwirn-Crêpe mit langen Fransen. Rote Stiel- und unterlegte Plattstich-Stickerei.
»Noch ist die blühende Zeit«
112 x 45 cm

Seinerzeit sehr populär war der Dichter Otto Roquette (1824-1896) wie ein Überhandtuch (Abb. 127) zeigt. Im Original heißt der Vers: ›Noch ist die blühende goldene Zeit, noch sind die Tage der Rosen‹.

Anregungen oder direkte Vorlagen lieferten vermutlich auch Stammbücher und Poesiealben, in denen wiederum die alten Spruchweisheiten bereits dokumentiert waren. Verse wie

Vergißmeinnicht ruft es so zart
Vergessen sein ist gar so hart

auf einem Überhandtuch, verziert mit Vergißmeinnichtsträußchen oder -körben, könnten im Poesiealbum ihren Ursprung haben.

In Mädchenpensionaten war es um die Jahrhundertwende Brauch, Unterschriften von Mitschülerinnen auf einem Deckchen zu sammeln zusammen mit einer kleinen Zeichnung. Die Besitzerin stickte dann die Unterschriften in farbiger Seide nach und bewahrte sie als Andenken auf (Abb. F55); wie im Poesiealbum.

Auch gestickte Glückwünsche stammten häufig aus dem Spruchgut dieser Alben.

Mit dem ersten Glockenschlag
bring dir Glück ein jeder Tag

An jedem Tag ein froh Erwachen
Mög Sonnenschein und Glück dir lachen

Es soll in deinem Leben
Nur Rosen ohne Dornen geben

Morgens nach dem Glück hinüber
Blickt der Mensch noch halb im Schlaf.
Freu dich jeden Abend drüber
Wenn dich nur kein Unglück traf.

Diese Glückwünsche auf Überhandtuch und Wandbehang wurden verschenkt bei bestimmten Anlässen, etwa an eine Freundin als Hochzeitspräsent (Abb. F56).

In die Reihe solcher gestickten Brautgeschenke gehörte auch sehr oft ein Haussegen (F57), wie eine Hausfrauenzeitschrift von 1898 dokumentiert:

»Ein Haussegen ist jederzeit ein beliebtes Geschenk, das eine Freundin der anderen zur Hochzeit macht. Mit schwarzer Seide, mit dünnen Goldfäden leicht überspannt, sind die einzelnen Buchstaben des Spruches:

Wo Lieb und Treu die Wache hält
Da ist's im Hause wohlbestellt

128

Abb. 128
Haussegen, 1900/1910, Baumwolle mit blau/weißer Webborte, bestickt mit hellblauem Stiel- und Plattstich.
»Haus-Segen
Wo Glaube, da Liebe
Wo Liebe, da Friede
Wo Friede, da Segen
Wo Segen, da Gott
Wo Gott da ist keine Not!«
60 x 80 cm

auf weißem Papier-Kanevas in schrägem Flachstich gestickt. Kleine Rosenbouquets, in den natürlichen Farben gearbeitet, und ein gemalter Engelskopf an der oberen Mitte der Stickerei bilden die weitere Ausschmückung des Haussegens. Unser Modell ist mit einem 10 cm breiten Plüsch-Rahmen umgeben.«[70]

Der hier zitierte Haussegen, der mehr einem allgemeinen Glückwunsch gleicht, ist weit entfernt von den ursprünglichen Haussegen, die vorchristlichem Abwehrzauber entstammen und an Stall- und Haustüren gezeichnet wurden (Drudenfuß, Satorformel, drei Kreuze). Näher steht er schon den holzgeschnittenen Wallfahrtsbildern, die als Haussegen in Truhen und Leinenschränke geklebt worden sind, oder den Hinterglasbildern im ›Herrgottswinkel‹ des katholischen Bauernhauses. Mit Sicherheit aber wurde der gestickte von den lithographisch gedruckten und geprägten Haussegen der 2. Hälfte des 19. Jahrhunderts beeinflußt. Auch sie enthielten nämlich als wesentliches Element einen gebetartigen Spruch, der Frieden und Glück ins Haus bringen und Böses davon fernhalten sollte; und hier wie dort war der Text meist von Blumen bekränzt oder Engeln umschwebt (Abb. 128). Am weitesten verbreitet und in den unterschiedlichsten Techniken ausgeführt findet sich der Spruch:

Wo Glaube, da Liebe
Wo Liebe, da Friede
Wo Friede, da Gott
Wo Gott, keine Not

F55

Abb. F55
Erinnerungs-Deckchen von 1898-1900, Baumwolle mit Hohlsaumkanten, bestickt mit mehrfarbiger Seide in schattiertem Platt-, Stiel- und Knötchenstich.
36 x 68 cm, Ausschnitt

Abb. F56
Überhandtuch um 1910, Halbleinen mit Häkelspitze und Stiel-, Knötchen- und Plattstich-Stickerei.
»Oft liegt ein menschliches Geschick in einem einz'gen Augenblick«
112 x 47 cm

F56

Der Haussegen hing in bildhaft ausgeschmückter Form im katholischen Haushalt, reduziert auf Gebet und Bibelspruch im protestantischen. Das trifft auch für die übrigen gestickten Wandbehänge religiösen Inhalts zu. In der protestantischen Familie hat das Wort immer eine größere Bedeutung gehabt als in der katholischen Familie, und das Bibelwort nahm auch sonst oft den Platz des Bildes ein.[71] Die Sprüche waren zumeist in streng geführten großen Buchstaben gestickt und die Verzierungen dem Text untergeordnet (Abb. 129)

Der Herr ist mein Hirte
mir wird nichts mangeln

Befiehl dem Herrn deine Wege
und hoffe auf ihn
er wird's wohl machen

Des Herrn Auge steht offen
über uns bei Tag und bei Nacht.

Solche gestickten Sprüche dienten auch außerhalb des privaten Hauses in öffentlichen Einrichtungen »der Erbauung«, soweit diese von religiösen Gemeinschaften betreut wurden. So stattete beispielsweise die Heilsarmee um die Jahrhundertwende in Berlin den Aufenthaltsraum der »Mädchenmetropole« mit langen bestickten Spruchbändern aus; auf einem davon war zu lesen:

Eure Freude soll vollkommen sein.

Im Nähzimmer hieß es

O gedenke Jesu Lieb am Kreuz für dich,

und in dem hier abgebildeten Wöchnerinnensaal hingen die beiden heute befremdlich klingenden Sätze:

Ich hab dich je und je geliebt

und

Das beste ist, der Herr ist mit dir (Abb. 130)

Aus Elternhaus, Schule und Kirche bezog man vorrangig die Kenntnis der Sprüche, Sprichwörter, literarischen Verse, Bibelzitate und Gebete. Ein nicht zu unterschätzender Übermittler für die Frauen waren jedoch schon damals Haushaltungs-

Abb. 129
Wandbehang mit religiösem Spruch, 1890/1900, Canevas mit weinrotem Satinbesatz, bestickt in Kreuzstichtechnik in zwei verschiedenen Rottönen.
»Der Herr ist mein Hirte, mir wird nichts mangeln«
59 x 100 cm

129

Abb. 130
Wöchnerinnenheim der Heilsarmee in Berlin 1902. An den Wänden hängen gestickte Spruchbänder:
1. »Ich habe dich je und je geliebt«
2. »Das beste ist der Herr ist mit dir«

bücher, Frauenzeitschriften und Ratgeber. Sie setzten an den Beginn jeden Kapitels mit Vorliebe einen Spruch und untermauerten ihre Anschauungen und Behauptungen wiederum mit Spruchweisheiten, um vornehmlich die Tugenden zu preisen, die spezifisch weibliche sein sollen: Fleiß, Ordnungsliebe, Sauberkeit und Sparsamkeit.

Um diese Strömungen aufzuzeigen, sei nachfolgend ein jeweils typischer Absatz aus dem Haushaltungsbuch »Wegweiser zum häuslichen Glück für Mädchen« von 1888[72] einer Gruppe von inhaltlich zusammengehörenden Sprüchen vorangestellt.

»Jede Stunde ist wertvoll ... Du kannst sie leider aber auch leicht vergeuden mit Tändelei oder Müßiggehen. Die vergeudete Zeit kommt ewig nicht wieder. Möchte doch jeder Stundenschlag der Hausuhr dich mahnen an die Flüchtigkeit der Zeit und Dich anspornen zum Fleiß! ›Fleiß‹ sei Dein tägliches Losungswort. Rege Arme und Hände zu rastlosem Schaffen.«

Ohne Fleiß kein Preis

Fleiß bringt Preis

Fleiß bringt Segen

Fleiß vermehrt, Trägheit verzehrt

Gebrauche deine Kraft,
man lebt nur, wenn man schafft

Mit Fleiß und Kraft
Man vieles schafft

Schaff rührig im Haus
dann bleibt der Segen nicht aus

Rüstig schaffe, nie erschlaffe

»Trägheit im Aufstehen bringt alle Tagesarbeit in Unordnung: entweder muß sie zu hastig und nachlässig geschehen oder zum Teil unterbleiben. ›Morgenstund hat Gold im Mund‹ gilt für die Hausarbeit noch mehr als anderswo.«

Früh begonnen,
viel gewonnen

Frisch an's Werk

Wer nicht anfängt
wird nicht fertig

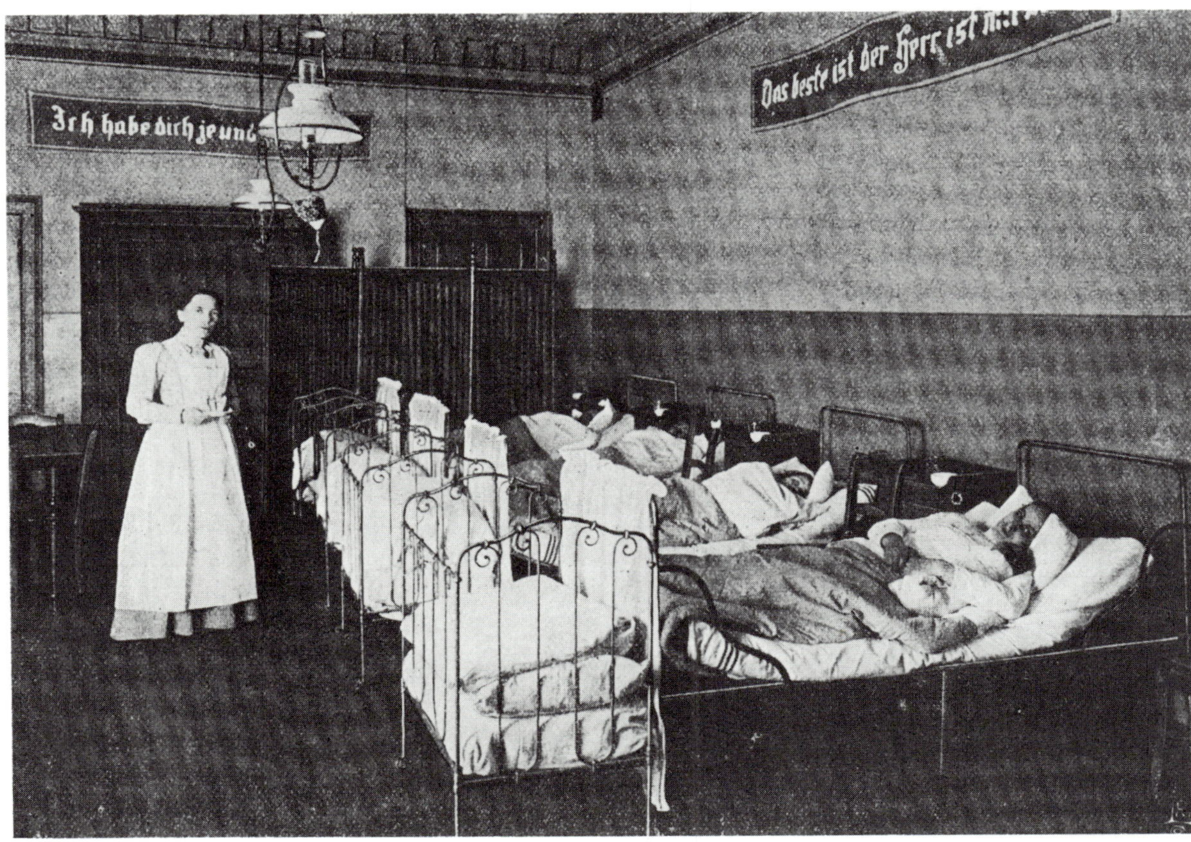

130

Haussegen
Wo Glaube da Liebe
Wo Liebe da Friede
Wo Friede da Segen
Wo Segen da Gott
Wo Gott
keine Noth!

F57

131

Abb. 131
Wandbehang 1900/15,
Baumwolle mit roter Stiel-stich-Stickerei,
»Zwei Lebensstützen brechen nie,
Gebet und Arbeit heißen die«
50 x 76 cm

Abb. F57
Haussegen um 1870/80,
Papiercanevas mit Woll-Spannstichen; die Engelsköpfe sind aufgeklebte Lithographien.
»Haussegen
Wo Glaube da Liebe
Wo Liebe da Friede
Wo Friede da Segen
Wo Segen da Gott
Wo Gott keine Noth!«
27,5 x 22 cm

»Eine rauhe Arbeitshand ist für ein Mädchen ein besserer Schmuck als goldene Ketten und glänzende Armbänder. Darum liebe die Arbeit, welche die Hände rauh, aber die Seele froh und heiter macht! Würderst Du jemals träge und mit Widerwillen arbeiten, dann würde gar bald der Frohsinn aus Deinem Herzen und die Freude aus Deinem Auge entschwinden, böser Mißmut würde Dich beherrschen.«

Wer rastlos wirkt schon früh am Morgen
und treulich nützt die Tageszeit
weiß nichts von Kummer und von Sorgen
weil Arbeit wahres Glück verleiht.

Zwei Lebensstützen brechen nie
Gebet und Arbeit heißen sie (Abb. 131)

Wer zürnt macht sich und andern Pein
Wer schaffen will muß fröhlich sein

Arbeite mit Freuden

Arbeit bringt Segen

Ein sicherer Reichtum sind Verstand
und eine arbeitsame Hand

Froh erfülle deine Pflicht

Über alles die Pflicht

»Reinlichkeit und Ordnung müssen im Hause herrschen überall und zu jeder Zeit. Das ist die Regel für sämtliche Hausarbeiten. Willst Du also Dir und den Deinen das häusliche Leben angenehm machen, dann pflege stets mit emsigem Fleiß Reinlichkeit und Ordnung. Diese beiden Tugenden sind auch durchaus notwendig zur Erhaltung der Gesundheit und der Sittsamkeit. Manche Krankheiten haben ihre einzige Quelle in der Unreinlichkeit und die zarte Lilie der Sittsamkeit kann nicht erblühen,

132

Abb. 132
Überhandtuch mit Ermunterung zum Fleiß. 20er Jahre, Baumwolle mit hellblauer Stielstich-Stickerei »Sei emsig« 120 x 55 cm

Abb. 133
Überhandtuch, 1915/20, Leinen mit blauem Kattunbesatz, hellblaue Stielstich-Spannstich- und Bäumchenstickerei.
»Froh erfülle deine Pflicht«
91 x 60 cm

133

Ordnung
ist des Hauses Zierde.

Ordnung gewahrt Mühe erspart.

134

Abb. 134a
Wandbehang, 20er Jahre, Baumwolle mit roter Stielstich- und unterlegter Plattstich-Stickerei
»Ordnung ist des Hauses Zierde«
51 x 118 cm

Abb. 134b
Wandbehang, um 1905, Aidastoff mit blauem Leinenbesatz und blauer Kreuzstich-Stickerei.
»Ordnung gewahrt Mühe erspart«
43 x 97 cm

Abb. 135
Überhandtuch, 20er Jahre, Leinen mit rotem Kattunbesatz, bestickt mit rotem Stiel- und Plattstich.
»Sauberkeit ziert allezeit«
120 x 60 cm

135

F58

Abb. F58
Überhandtuch um 1880, Leinen mit eingewebten Querstreifen, besetzt mit Häkelspitze auf der Basis von Zackenlitze, bestickt mit Stiel- und Plattstich. »Ordnung hilft haushalten« 120 x 56 cm

Abb. F59
Überhandtuch um 1900, Halbleinen mit eingewebten Querstreifen und Fransen, bestickt mit Stielstich. »Ordnung und Sparsamkeit sind der Hausfrau Ehrenkleid« 123 x 60 cm

F59

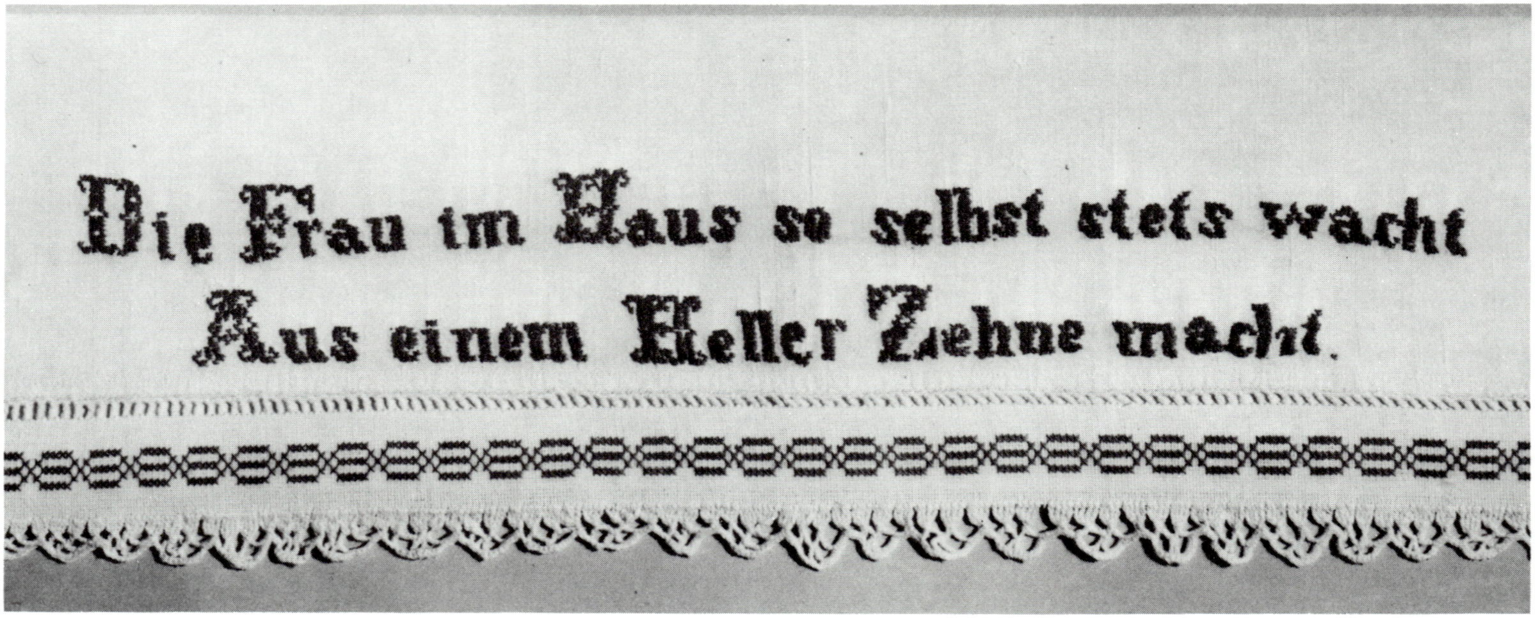

Abb. 136
Schrankbrettstreifen um 1890, Leinen mit Kongreßband und Häkelborte.
»Die Frau im Haus so selbst stets wacht
Aus einem Heller Zehne macht«
51 x 72 cm

wo keine Liebe zur Reinlichkeit, zu Anstand und Ordnung herrscht.«

Reinlichkeit das Herz erfreut

Des Hauses Zier ist Reinlichkeit

Reinlichkeit ein Ehrenkleid

Sauberkeit ziert allezeit

Sauberkeit macht immer Freud

Sauberkeit ist meine Freud

Immer sauber

Ordnung und Sauberkeit
regieren die Häuslichkeit

Ordnung ist des Hauses Zierde

Ordnungssinn bringt Gewinn

Ordnung bewahrt,
ist Mühe gespart

Ordnung erhält
die ganze Welt

Ein jedes Ding an seinem Ort
erspart viel Zeit, manch böses Wort

»Verschwenderisches Haushalten, leichtsinniges Geldausgeben von deiner Seite wäre Diebstahl am Wohlstand des Hauses und Raub am sauer
136 erworbenen Verdienst deines Mannes.«

Ordnung und Sparsamkeit
sind der Hausfrau Ehrenkleid (Abb. F59)

Üb' Sparsamkeit

Sparen muß man ganz gewiß
weil alles jetzt sehr teuer ist

Zur rechten Zeit nur fleißig sein
Die Arbeit fällt nicht schwer
Wer in der Jugend nicht gespart
Im Alter geht's nicht mehr.
Die Frau im Haus so selbst stets wacht
Aus einem Heller zehne macht.

Im Kapitel III., 6. »Die Küche«, wurde bereits darauf hingewiesen, daß in früheren Zeiten die Führung eines Haushaltes einen ungleich größeren Einsatz von der Frau forderte als heute, vor allem physischer Art. Daß die Sprüche den Frauen, zumindest den schwer arbeitenden, eine moralische Hilfe waren, ist wenig wahrscheinlich. Sie waren meist so befangen in ihrer Rolle, daß ihnen die Absurdität so manchen Spruches gar nicht zum Bewußtsein kommen konnte. So läßt sich vielleicht erklären, daß all diese Ermunterungen und Ermahnungen von Frauen für Frauen gestickt und auch entworfen worden sind. Hin und wieder ist man freilich versucht anzunehmen, daß die Sprüche nicht ernst gemeint sind, daß Humor und Ironie bei der Auswahl der Sprüche mitgespielt haben; wie zum Beispiel bei dem Stoßseufzer, der 1920 von

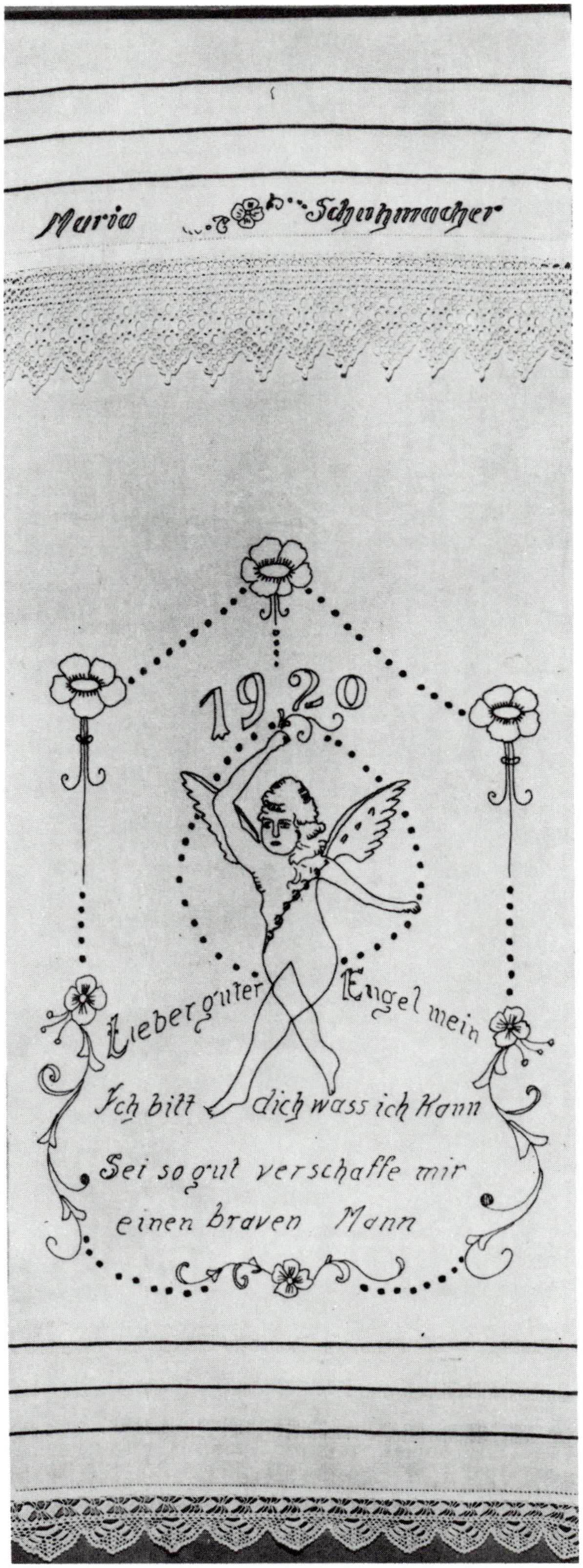

137

Abb. 137
Überhandtuch von Marie Schuhmacher, 1920, Leinen mit Häkelspitze, bestickt mit rosa Stiel- und Plattstich. »Lieber guter Engel mein Ich bitt dich wass ich kann Sei so gut verschaffe mir einen braven Mann. 1920«
138 x 43 cm

einem Mädchen vom Lande auf ein Überhandtuch im Format der alten bäuerlichen Prunkhandtücher gestickt ist:

Lieber guter Engel mein
Ich bitt dich was ich kann
Sei so gut verschaffe mir
einen braven Mann.

Nach 1900, vor allem in den 20er Jahren gibt es ohnehin eine ganze Reihe vergnüglicher Sprüche, die spöttisch aber auch liebevoll den Ehemann als »Herrn und Gebieter« in Frage stellen:

Schau nicht ins Töpfchen lieber Mann,
die Küche geht dich gar nichts an

Mein lieber Mann, laß nur fein
das Topfgucken sein

Lieber Mann darfst nicht vergessen
pünktlich sein beim Mittagessen

Schmeckt daheim der Schmaus
bleibt der Mann im Haus.

Ich bin der Herr im Haus
das wär gelacht
was meine Frau sagt
das wird gemacht

Du willst der Herr sein
daß ich nicht lach',
laß mich kommandieren,
dann gibt's nie Krach

So fromm wie ein Lämmchen
wünsch ich mir mein Männchen

Ein helles Feuer
Ein freundlich Gesicht
Ein braves Männlein
Mehr brauche ich nicht!

Niemand ist so glücklich dran
Wie ich mit meinem Mann.

F60

Abb. F60
Überhandtuch um 1880, ungebleichtes Leinen mit eingewebten Querstreifen, bestickt mit Stiel- und unterlegtem Plattstich.
»Rein und fein sollst du sein«
105 x 59 cm, Ausschnitt

Abb. 138
Wandbehang, Anf. 20. Jhdt., Baumwolle mit roten Languetten und rotem Stielstich
»Mein lieber Mann laß nur fein,
Das Topfgucken sein.«

Abb. 139
Wandbehang, 20er Jahre, Baumwolle mit Webborte, bestickt mit rotem Stiel- und Plattstich.
»Schmeckt daheim der Schmaus
bleibt der Mann zuhaus«
45 x 70 cm

138

139

140

Abb. 140
Wandbehang, um 1905, Baumwolle mit hellblauer Webborte, schwarze Stiel-stich-Stickerei.
»So fromm, wie ein Lämmchen, wünsch' ich mir mein Männchen«

141

Abb. 141
Wandbehang, 20er Jahre, Baumwolle rot languettiert, Stickerei in rotem Stiel- und unterlegtem Plattstich.
»Niemand ist so glücklich dran, Wie ich mit meinem Mann!«
52 x 76 cm

Verzeichnis der gestickten Sprüche

Im folgenden Verzeichnis sind alle gestickten Sprüche alphabetisch aufgeführt, die der vorliegenden Arbeit in Form von gestickten Originalen zugrunde liegen; zusätzlich sind einige besonders interessante alte Stickmustervorlagen aufgenommen.

Die hinter jedem Spruch in Klammern gesetzten Buchstaben charakterisieren die Objekte, die vorgeschalteten Zahlen nennen die jeweils vorhandene Stückzahl der Objekte.

A = Antimakassar
B = Beutel, Behälter, Bänder
D = Decke, Deckchen, Schondecke
F = Fronleichnams-, Verseh- und Altartücher
K = Kissen
P = Papiercanevas-Stickerei
Sch = Schrankbrett- und Bordbrettstreifen
Ü = Überhandtuch
V = Verschiedenes (Gürtel, Lätzchen, Lautenbänder)
W = Wandbehang

Ach sag doch nicht immer wieder Dicker zu mir (K)

Achtsamkeit üb' allezeit (W, 2Ü)

Adel liegt im Gemüte
Nicht im Geblüte (Ü)

A fesche Katz, braucht an feschen Kater (Ü)

Alle lieben Engelein sollen unsere Hüter sein (D)

Alle Morgen ohne Sorgen (W, Ü)

Alle Schmerzen kann man stillen
Jede tiefe Wunde heilt,
Nur eine Seele mußt Du finden
Die mit Dir die Schmerzen teilt (W)

Aller Anfang ist schwer (Ü)

Alles auf dieser Welt vergeht
Nur die Mutterlieb' ewig besteht (W)

Alles auf Erden hat seine Zeit,
Frühling und Sommer, Freude und Leid (2 W)

Alles vergeht, nur die Liebe besteht (P)

All-Heil (V)

Alt Heidelberg du feine,
Du Stadt an Ehren reich (Ü)

Am besten schmeckt's beim Mütterlein (Ü)

Am häuslichen Herd
Sei Glück dir beschert (2 Ü, 2 W)

An Gottes Segen ist alles gelegen (W)

An jedem Tag ein froh Erwachen
mög Sonnenschein und Glück dir lachen (3 W)

Andenken an Altötting (Ü)

Andenken an die Handwerksausstellung
Magdeburg 1904. Meta Meyer (D)

Anfangs wollt ich fast verzagen /
Und ich glaubt' ich trüg es nie. /
Und ich hab' es doch getragen —
Aber fragt mich nur nicht wie (W)

Arbeit bringt Segen (2 Ü)

Arbeit ist der Hausfrau Zierde
Segen ist der Mühe Preis
Soll der Hausfrau Ruhm sich mehren
darf der Schrank sich nimmer leeren (Sch)

Arbeit mit Gebet verbunden
hat Gottes Segen stets gefunden (P)

Arbeit schafft Zufriedenheit (2 Ü)

Arbeit spart, der Ordnung wahrt (Ü, 2 W)

Arbeite mit Freuden (Ü)

Auch in dunkler Nacht
Gottes Auge wacht (W)

Auf unsrer letzten Reise
Sei Jesus unsre Speise (F)

Aus Freundschaft gewidmet (V)

Aus Liebe (V)

Ave Maria (Ü, F)

Befiehl dem Herrn deine Wege
Und hoffe auf ihn, er wird's wohl machen (2 W),

Behüt dich Gott (W, 5 Ü, D)

Behüt dich Gott
es wär so schön gewesen (3 Ü)

Behüt uns Gott (W)

Bei mir zu Haus, da blüht für Dich ein schöner Garten (K)

Bei Trinken und Essen
Gott nicht vergessen (2 D)

Beim Backen halte Maß und Ziel
Nimm nichts zu wenig, nichts zuviel (Ü)

Beim Wasserbankerl nett und rein
darf niemals ausgeschüttet sein (3 W)

Beklage nicht den Morgen, der Müh und Arbeit gibt,
es ist so schön zu sorgen für Menschen, die man liebt (11 W)

Bete und arbeite (Ü, D)

Bewahr im Herzen Sonnenschein
und trag ihn überall hinein (W)

Bewahret einander vor Herzeleid
Kurz ist die Zeit die ihr beisammen seid
Ob auch viele Jahre euch vereinen
einst werden wie Minuten sie euch scheinen (2 W)

Bitte mich nicht zu stören (K)

Blank und rein soll meine Küche sein (Ü)

Blank und rein / soll meine Wäsche sein (D)

Blank und rein / soll stets die Wäsche sein (D)

Blitzblank des Spindes Holz
Das Linnen blüthenrein,
Das soll der Hausfrau Stolz,
Der Hausfrau Freude sein (Sch)

Brötchen (B)
Bürsten (B)

Cafe und Gebäck tut auch sein Zweck (D)

Da es mir gut ging auf Erden
Wollten alle meine Freunde werden
Da ich kam in große Not,
Waren alle meine Freunde tot (W)

Daheim im stillen Haus
dem Weltgetriebe fern
Erblüht des Himmels Segen
Erstrahlt des Glückes Stern (W)

Damenhosen (V)

Dankbar rückwärts
mutig vorwärts
gläubig aufwärts (W)

Danke Gott für's täglich Brot (2 D)

Das beste ist, der Herr ist mit dir (W),

Das Dreimäderlhaus (W)

Das Lied der Liebe hat eine süße Melodie (K)

Das Schönste auf dem Erdenrund
ist trautes Heim auf festem Grund (W)

Das schönste Glück, die größte Freud
ist eine liebe Häuslichkeit (P)

Das Schönste im Leben
Was Gott kann uns geben
Ein zufriedenes Heim
Und drinnen glücklich sein (2 W)

Das täglich Brot
Geseg'n Euch Gott (D)

Dass hell erstrahl der Lampe Licht
Vergiss zu putzen diese nicht (B)

Daß sie ewig grünen bliebe,
die schöne Zeit der jungen Liebe (Ü)

Dein Engel behüte dich (K)

Dein Haus sei deine Welt (Ü)

Dein Haus sei Deine Welt
darin es Dir gefällt. (Ü)

Dem Bayernvolk starbst du zu früh
Dein treues Volk vergißt dich nie (Ü)

Dem braven Kinde (V)

Dem deutschen Vaterland starbst du zu früh
Dein deutsches Volk vergißt dich nie (P)

Dem Tische Schutz,
der Küche Putz (D)

Denk' an jenseits
Wir bauen Häuser, hoch und fest
Und sind hier doch nur fremde Gäst.
Dort, wo wir sollen ewig sein,
da bauen wir gar wenig drein (P)

Denk an mich (K)

Den Tag beginn mit frohem Sinn (Ü)

Der beste Schatz für einen Mann,
ist eine Frau, die kochen kann (Ü)

Der dich behütet, schläft nicht (B)

Der Gott der Dich bei Tag bewacht
Ist auch Dein Hüter in der Nacht (2 W)

Der Hausfrau Beruf,
Zu dem sie Gott erschuf,
Ist, in dem Hause still zu walten,
Mit Fleiß die Ordnung zu erhalten (Sch)

Der Herr ist mein Hirte! (A)

Der Herr ist mein Hirte,
mir wird nichts mangeln (2 W)

Der Herr hat seinen Engeln befohlen,
dass sie Dich behüten auf allen Deinen Wegen (W)

Der Küche Wert,
ein saub're Herd (Ü)

Der Küche Zier ist Reinlichkeit (2 Ü, D)

Der Mensch braucht ein Plätzchen und wär's noch so klein,
von dem er kann sagen, sieh das ist mein.
Hier leb' ich, hier lieb ich, hier ruhe ich aus;
hier ist meine Heimat, hier bin ich zu Haus (2 W)

Der Mensch braucht zum Glück nicht Reichtum und Pracht,
ein Stüblein voll Sonne, wo Liebe ihm lacht (W)

Der Morgenstern mit seinem Blinken
Soll aus dem Bett dich winken (Ü)

Der Sandmann in das Zimmer tritt —
und bringt den Schlaf im Säcklein mit (W)

Der Tag erwacht in seiner Pracht (3 Ü, W)

Der Vater sorgt mit vieler Müh,
für seine Kinder spät und früh (P)

Der Weber webt wohl manches Stück
von blendend weißer Leinewand
Jedoch des Hauses Freud und Glück
webt nur der Hausfrau eigne Hand (Sch)

Des Hauses Glück Zufriedenheit (D)

Des Hauses Glück Zufriedenheit,
des Hauses Zierde Gastlichkeit

Des Hauses Zier ist Reinlichkeit (3 Ü, W)

Des Hauses Zier ist Reinlichkeit,
Des Hauses Glück Zufriedenheit (W)

Des Hauses Zier ist Reinlichkeit,
Des Hauses Glück Zufriedenheit,
Die Frau im Haus, so selber wacht,
Aus einem Pfennig zehne macht (W)

Des Herrn Auge steht offen über uns Tag und Nacht (W)

Des Kindes Leid des Kindes Schmerz
Fühlt nur so recht ein Mutterherz (W)

Des Menschen Glück und Sonnenschein
ist seines Herzens Liebe (W)

Des Wasser's Kraft
Gesundheit schafft (2 D)

Dich weckt das Licht zu edler Pflicht! (Ü)

Die Frau im Haus so selbst stets wacht
Aus einem Heller Zehne macht (Sch)

Die kluge Hausfrau
kocht mit Fleiss
des Ehegatten
Lieblingsspeis (Sch)

Die Küche ist der Hausfrau Stolz (W)

Die Küche ist die schönste Zier
des ganzen Haushalts glaube mir (W, 2 Sch)

Die Küche ist die Seele der Hausfrau (W)

Die Küche ist mein Stolz (Ü)

Die Küche rein, das Essen fein,
Anders darf's bei mir nicht sein (W)

Die kühle Flut giebt frohen Mut (2 W)

Die Lampe rein gibt hellen Schein (B)

Die Lampen setz bei Tage im Stand
Damit sie fertig des Abends zur Hand (B)

Die Leut auf der Gassen
muß man reden lassen.
Reden sie gescheit oder dumm,
ich kümmere mich nicht drum (W)

Die Wäsche fein und zart
Im Schranke aufbewahrt
Ist deutscher Hausfrau'n Art (3 Sch)

Die Wartburg (D)

Dies ist des Jägers Ehrenschild, daß er beschützt und hägt sein Wild (W)

Drei Engel mögen dich begleiten
in deiner ganzen Lebenszeit;
die guten Engel, die ich meine
sind: »Liebe, Glück, Zufriedenheit« (W)

Dreimäderlhaus (W)

Drückt Dich ein Kummer, verrat ihn nicht
verbirg vor Menschen Dein Gesicht;
sei froh, wenn sie vorübergeh'n
und nichts von Deinen Tränen seh'n (W)

Drückt dich ein Weh
zur Mutter geh
und sag es ihr
gern hilft sie dir (W)

Du bist wie eine Blume (V)

Du willst der Herr sein
daß ich nicht lach'
laß mich kommandieren,
dann giebt's nie Krach (Ü)

Ecce Homo (F)

Ecce Homo
Oh Herr, ich bin nicht würdig,
daß du einkehrest unter mein Dach (F)

Ehret die Frauen!
Sie flechten und weben
Himmliche Rosen
Ins irdische Leben (Sch)

Eier stets gerne bei Tisch man hat
ob zum Trinken, kernig oder hart (V)

Eigener Herd ist Goldes wert (11 Ü, 2 W)

Eigener Herd ist Goldes Wert
Ist der Herd auch arm
Hält er doch warm (W)

Eigen Nest ist das best (W)

Eine feste Burg
ist unser Gott (W)

Eine feste Burg ist unser Gott
eine gute Wehr und Waffen (P)

Eine Hand wäscht die andere (2 W)

Eine kluge Hausfrau
kocht mit Fleiß
des Ehegatten Lieblingsspeis (Ü)

Ein ewiges Geheimnis (Ü)

Ein freundliches Heim
ein frohes Gemüt,
zwei gleichschlagende Herzen,
und der Wohlstand erblüht (W)

Ein frischer Trunk macht alte jung (D)

Ein fröhlich Gesicht
Das beste Gericht (D)

Ein fröhlich Herz, ein friedlich Haus
machen das Glück des Lebens aus (W)

Ein froher Gast ist Niemands Last (D)

Ein frohes Gesicht
Das beste Gericht (Ü)

Ein guter Trunk aus Malz und Hopfen,
Das sind die besten Lebenstropfen (D)

Ein gutes Mahl lohnt Müh und Qual (W)

Ein Haus von Gott dem Herrn bewacht
ist wohlbestellt bei Tag und Nacht (W)

Ein Heim von Liebe warm durchglüht,
Wo makellose Treue blüht,
Und Frohsinn sich zum Glück gesellt,
Das ist das Schönste auf der Welt (2 W)

Ein helles Feuer,
Ein freundlich Gesicht,
Ein braves Männlein,
Mehr brauche ich nicht! (2 Ü)

Ein jeder Schmerz läßt sich verwinden
Und jede tiefe Wunde heilt
Nur eine Seele mußt du finden
die alle Schmerzen mit dir teilt (W)

Ein jeder Vogel baut sein Nest,
ein eigen Heim ist's allerbest (W)

Ein jedes Ding an seinem Ort,
erspart viel Zeit manch böses Wort (W)

Ein jedes Stück ziert Tisch und Schrank
Ist klar das Glas, der Teller blank (Ü)

Ein liebes Männlein, ein trautes Heim
mag wohl das Schönste auf Erden sein (Ü)

Ein neuer Tag, ein neues Leben
bricht mit dem neuen Morgen an (W)

Ein neuer Tag
Mit ihm ein neues Leben (W)

Ein reines Gewissen
ein redliches Herz
macht fröhlich zu küssen
bei Liedern und Scherz (W)

Ein ruhiges Herz
nicht Gold nicht Pracht
Ist's was den Menschen
glücklich macht (W)

Ein Schwalbenpaar fliegt hinaus,
Glück zu bringen, Dir ins Haus (W)

Ein sicherer Reichtum sind Verstand
und eine arbeitsame Hand (W)

Eintracht gibt Macht (W)

Ein Viertelstündchen (K)

Ein Weilchen Rast (K)

Engel Gottes Hüter mein
laß mich dir empfohlen sein (W)

Erfüllte Pflicht
macht froh Gesicht (Ü)

Ernsthaft streben
Heiter leben (W)

Erst besinn's / dann beginn's (W)

Erst prob's, dann lob's (2 W, Ü, D)

Erwache froh! (2 Ü, 2 W)

Erwache heiter! (Ü)

Erwache und lache (Ü)

Es gibt in der Ehe manchmal Zeiten
Wo Mann und Weib zusammen streiten
Der Klügere macht Frieden bald
Mit einem Busserl, daß es knallt (W)

Es hab' in Fried und Streit und Not
Ein Lied, ein Schwert und einen Gott
Das treue, deutsche Volk! (W)

Es ist noch eine Ruhe vorhanden (A)

Es lebe, was auf Erden stolziert in grüner Tracht
Die Felder und Wälder, die Jäger und die Jagd (W)

Es leuchten drei freundliche Sterne
In's Dunkel des Lebens hinein.
Die Sterne, sie funkeln so traulich.
Sie heißen: Lied, Liebe und Wein (W)

Es soll in Deinem Leben
Nur Rosen ohne Dornen geben! (Ü)

Eure Freude soll vollkommen sein (W)

Fegen und Kehren
soll man ehren (Ü)

Feine Wäsche (B, D)

Festung Marienberg (D)

Feuerung (W)

Fleisch und Brot / gebe Gott (D)

Fleiß bringt Preis (4 Ü)

Fleiß bringt Segen (W)

Fleiß vermehrt,
Trägheit verzehrt. (W)

Friede im Haus
bringt Segen voraus
Acht Gottes Wort,
so kommst du fort (D)

Frieden im Haus, bringt Segen voraus (Ü)

Frisch an's Werk (W)

Frisch auf am Morgen (2 W)

Frisch, fromm, fröhlich, frei,
Das andere Gott befohlen sei (W)

Frisch geregt,
rein gefegt (Ü)

Frische Wäsche (2 D)

Frisches Brot (B)

Frisches Wasser (3 W)

Fröhlich und freundlich sich weisen
dient zur Würze allen Speisen (D)

Fröhliche Weihnachten (D)

Fröhliches Osterfest (D)

Froh erfülle Deine Pflicht (7 Ü, 3 W)

Froh erwache jeden Morgen (D, Ü, 3 W)

Froh erwacht!

Froh Gesicht, der beste Dank
Hat erquicket Speis und Trank (W)

Frohe Augen rings im Kreise / Herzliche
Vertraulichkeit / Frischer Scherz in feiner Weise /
Wie verrinnt so schnell die Zeit. (D)

Froher Sinn bringt Gewinn (2 Ü)

Frohes Erwachen (2 Ü, B)

Frohes Essen macht Sorgen vergessen (W)

Frohes Schaffen, treues Lieben,
ist das Beste stets geblieben (W)

Frohsinn macht leicht! (Ü)

Früh begonnen, viel gewonnen (Ü, W)

Früh nieder, früh auf,
gibt langen Lebenslauf (W)

Frühling (D)

Frühstück (3 B)

Fühlst du ein Weh

Fühlst du ein Weh
zur Mutter geh
und sag es ihr
dann hilft sie dir (W)

Fünf sind geladen, zehn sind gekommen,
Gieß Wasser zur Suppe, heiß alle willkommen (Ü)

Für ein gut' Gericht scheue Arbeit nicht (Ü, W)

Für Speis und Trank
dem Geber Dank (W)

Gäben Küsse Flecken / wären alle Mädchen Schecken (Ü)

Gebet, Arbeit, Seelenruh'
schliesst dem Arzt die Türe zu (W)

Geblüht im Sommerwinde, / gebleicht auf grüner Au, liegt ruhig jetzt im Spine / zum Stolz der deutschen Frau (Sch)

Gebrauche Deine Kraft,
man lebt nur, wenn man schafft (W)

Gedenke mein (V)

Geh' auf dieser schönen Welt
nur dem Glück entgegen —
arbeit' fleißig, spar' das Geld,
dann hast Gottes Segen! (W)

Geh' nie im Zorn von deines Hauses Herd,
gar mancher ging, der nie zurückgekehrt (W, Ü)

Geh nie ohne Gruß von deines Hauses Herd,
man weiß nie ob man wiederkehrt (W)

Geld und Gut kann rasch entschwinden
Schönheit welkt in kurzer Zeit
Glück und Wohlstand zu begründen
das vermag nur Häuslichkeit. (W)

Gelobt sei Jesus Christus (F)

Genügen paßt für jeden Gast (D)

Gesang erfreut das Herz (V)

Geschirr und Schrank
Sei immer blank (Ü)

Geschrieben Wort
ist Perlen gleich (Ü)

Getreulich walte
Ordnung halte (D)

Gläserbrett (Sch)

Glatte Wäsche (B)

Glaube, Liebe, Hoffnung (V)

Glück auf! (W)

Glück, Fröhlichkeit und Frieden
sei allezeit diesem Haus beschieden (W)

Glück kommt unverhofft (Ü)

Glück und Frieden
sei dir beschieden (W)

Glückliche Reise (B)

Göttlicher Haussegen:
Wo Glaube, da Liebe;
Wo Liebe, da Friede;
Wo Friede, da Segen;
Wo Segen, da Gott,
Wo Gott, keine Noth (P)

Göttliches Kind Jesus erbarme dich unser (F)

Gott behüte dich (W)

Gott erhalte, Gott beschütze
unsern Kaiser unser Land (W)

Gott erhalte noch lange unsere gute Mutter (P)

Gott gebe glükliche Schtunden (Ü)

Gott halt in Gnaden treue Wach
in diesem Hause Tag und Nacht (W)

Gott lenkt und schickt,
vertrau, es glückt (W)

Gott schütze dich (A, V)

Gott schütze mein Heim
Gott schütze mein Haus
Viel Glück zieh hinein
Und keines hinaus (W)

Gott schütze unsern Bund
auch unser trautes Heim,
und lasse uns auf Erden
in Treue glücklich sein (W)

Gott und dem Lamm
Lob und Dank (W)

Gott wacht für alle groß und klein,
drum schlafe ohne Sorgen ein (2 W)

Gottes Auge wacht (W)

Gottes Engel halten Wacht
Schlafe sanft die ganze Nacht (W)

Gottes starke Vaterhand
schütze euren Ehestand (P)

Grüß Euch Gott alle miteinander! (Ü)

Grüß Gott (3 Ü)

Grüß Gott tritt ein
bring Glück herein (Ü, W)

Grüße den Morgen mit fröhlichem Sinn
So schwinden die Sorgen des Tages dahin (W)

Gruß aus Lauterburg (D)

Gruß aus Vilsbiburg (Ü)

Gut gekaut ist halb verdaut (D)

Gut Gericht macht froh Gesicht (Ü)

Gute Nacht (B, 3 D, 2 K)

Gute Nacht
Gott wacht (B)

Gute Nacht Hännschen (D)

Gute Nacht Mätzchen (D)

Gute Reise (3 B)

Gute Speise frischer Trank
stets erwirbt sich Lob und Dank (W)

Guten Appetit! (4 D, 2 Ü, W)

Guten Einkauf (3 D)

Guten Morgen (B, 3 D, 18 Ü, 4 W)

Guten Morgen aus liebem Mund
bringt am Tag manch frohe Stund (W)

Guten Morgen ruft der Hahn
er fängt den Tag als erster an (W)

Guter Küche Preis, ist Fleiß (Ü)

Gutes Wetter (2 B)

Hab auf der Welt die schönsten Stunden
doch nur in meinem Heim gefunden (2 W)

Hab' frohen Mut! (Ü)

Hab' mich lieb (Ü)

Hab Sonne im Herzen / den Mund voller Lieder /
so grüße das Leben / dann grüßt es dich wieder (W)

Hab Sonne im Herzen und Butter aufs Brot
und Geld zu bezahlen, dann hat's keine Not (Ü)

Hab' weder Gold noch Perlenketten
und keine seid'nen Prunktoiletten
Kann mich nicht am Gold berauschen
Und möchte doch mit niemand tauschen (W)

Habt's a Schneid (Ü)

Habt Sonne im Herzen, ob es stürmt oder schneit,
ob der Himmel voll Wolken, die Erde voll Leid.
Vertraut auf Gott, verliert nicht den Mut.
Habt Sonne im Herzen und Alles wird gut (W)

Häuslich sein bringt Glück (Ü)

Häuslicher Sinn bringt stets Gewinn (Ü)

Halte blank
Topf und Schrank (Ü)

Halte rein die Lampe Dein (B)

Halte stets dein Herz bereit
Stunden kommen voll von Leid
Stunden voll Glückseligkeit
und zuletzt die Ewigkeit (W)

Halt's Mündchen, Papa schläft ein
Viertelstündchen (K)

Hänsel und Gretel (Ü)

Haus und Herd, lieb und wert! (W)

Haus-Segen:
Wo Glaube, da Liebe.
Wo Liebe, da Frieden.
Wo Frieden, da Segen.
Wo Segen, da Gott,
Wo Gott, da ist keine Not! (P, W)

Heidelberg du feine, du Stadt an Ehren reich. (Ü)

Heil dir im Siegerkranz! (K)

Heil und Sieg 1914—1918 (K)

Heilig, heilig, heilig! (F)

Heilige Maria bitt für uns
Guten Morgen! (Ü)

Heiliges Herz Maria segne uns
Heiliges Herz Maria errette uns (W)

Heiligstes Herz Jesus / ich vertraue auf dich (F)

Heißes Eisen blanker Stahl
ersparet Dir viel Müh' und Qual (V)

Heisses Eisen froher Mut
dann gerät das Plätten gut (V)

Heiter am Morgen (Ü)

Heiterer Sinn und froher Mut
sind das beste Heiratsgut (Ü)

Herbst (D)

Herr bleibe bei uns, denn es will Abend werden (2 W)

Herr gieb uns unser täglich Brot (D)

Herzlich drückt Deine starke Hand 1914 (W)

Herzlich Willkommen (D)

Hochgelobt sei das allerheiligste
Sacrament des Altares (F)

Hochgelobt und gebenedeit sei das
Allerheiligste Sakrament des Altares (F)

Hoffnung sei dein Wanderstab
von der Wiege bis hin zum Grab (P)

Hopfen und Malz Gott erhalts (2 D)

Hurra! Hurra!
es ruft das Vaterland (D)

Ich bin der Herr im Hause, das wär' gelacht
Was meine Frau sagt, wird gemacht (2 Ü, W)

Ich bin so gern zu Hause
ich bin so gern bei dir (Ü)

Ich bitte um Ruhe (K)

Ich geb' es gern (4 D)

Ich hab dich je und je geliebt (W)

Ich hab' dich lieb (Ü)

Ich hab mein Herz am Wörthersee verloren (W)

Ich kenne keine Parteien, ich kenne nur Deutschland (K)

Ich und mein Haus wollen dem Herrn dienen (P)

Ich wünsche Jeden, der sich tapfer stellt
Im Kampf mit aller Unbill dieser Welt
Ein trautes Plätzchen, wo er dann und wann
Die ganze Welt vergessen kann (W)

Ilmenau, Goethehäuschen (D)

Im eigenen Heim bei Kind und Weib
ist Sorge und Mühe Zeitvertreib (P)

Im Wein ist Wahrheit (D)

Immer artig beim Essen (V)

Immer emsig (Ü)

Immer fleißig! (W)

Immer sauber! (Ü)

In des Wäscheschrankes Tiefen
kann die strenge Hausfrau prüfen
Ob das Linnen gut bestellt. (Sch)

In diesen Folgen, schweren Tagen,
Wo alle Lieben von uns geh'n,
Ist nur das eine uns geblieben,
Die Hoffnung auf ein Wiederseh'n.
Erinnerung an das Kriegsjahr 1914–15 (W)

In diesen Schicksals schweren Tagen,
wo alle Lieben von uns gehen,
Ist nur der eine Trost geblieben,
Die Hoffnung auf ein Wiedersehen
Erinnerung 1914 (W)

In Gottes Hand gegeben
ist Tag und Nacht mein Leben (W)

In Leid und Schmerz schau himmelwärts (P)

Iß was gar ist
Trink was klar ist
Sprich was wahr ist
Hilf wo Gefahr ist (D)

Ist dein Heim auch schlicht und klein,
Immer denke, es ist dein! (W)

Ist der Tag vorüber, häng die Decke drüber (D)

Ist die Maschine rein,
näht sich's nochmal so fein (D)

Ist klein der Herd
Wenn alles blitzt,
Kann glücklich sein
Wer ihn besitzt (Ü)

Ist mein Heim auch klein
hat's doch Sonnenschein (Ü)

Januar (D)

Ja, was ist denn da passiert? (Ü)

Je höher die Alm, desto schärfer der Wind,
Je schöner das Dirndl, desto kleiner die Sünd (W)

Jede Gattin klug und weise
Kocht des Mannes Lieblingsspeise (W)

Jede Nacht gut verbracht (D)

Jeder Mensch hat seinen Vogel (Ü)

Journal (B)

Jüngstes Aufgebot (W)

Kaufe gut (3 D)

Klammere fest (B)

Klammern (2 B)

Koch allein und bleib dabei (Ü)

Koch allein und bleib dabei
Viele Köche verderben den Brei (Ü)

Koche gut (Ü, W)

Koche gut zu Haus
Geht dein Mann nicht aus (Ü)

Koche mit Bedacht (W)

Koche mit Liebe (Ü)

Koche stets, dann bist du weise,
deines Mannes Lieblingsspeise (Ü)

Koche und salze mit Bedacht
Hab' auf jedes Stäubchen acht (V)

Kochen ist meine Freude (W)

Kochen und Braten
mög gut geraten (Ü)

Köchin spare mit dem Feuer,
Denn die Kohlen sind gar teuer (W)

Kohlen sind ein teures Gut,
Verbrauch sie nicht mit Übermut (2 W)

Kohlen sind von großem Nutzen,
Mußt aber auch den Ofen putzen (W)

Komm Herr Jesus, sei unser Gast
und segne was du uns bescheret hast. (D)

Kommt zu dir ein Gast
Gieb so gut du's hast (D)

Kragen (B)

Küchenschrank, blitz und blank
Giebt dem Hause schönen Klang.
Speisen fein, Weine rein,
Es giebt kein schön'res Sein! (Sch)

Lampenputzzeug (4 B)

Lange zielen tut äffen
besser, schnell treffen (W)

Laß den Mut nicht sinken,
wenn der Himmel grau.
Zwischen dunklen Wolken
wird es wieder blau (W)

Laß draußen die Welt ihr Wesen treiben
Mein Heim soll meine Ruhstatt bleiben (2 W)

Laß mich in Ruh! (K)

Laß mich werden
gut und fromm! (Ü)

Leise zieht durch mein Gemüt (V)

Lieb Vaterland magst ruhig sein (K)

Liebe ist der beste Koch (W)

Liebe schwärmt auf allen Wegen
Treue steht für sich allein
Liebe kommt rasch entgegen
Aufgesucht will Treue sein (W)

Lieber Gott erhör mein Flehen
laß uns immer wohl ergehen (W)

Lieber Gott, mit güt'ger Hand,
Behüt' unsern Vater im Feindesland! 1914 (W)

Lieber guter Engel mein,
ich bitt dich was ich kann
Sei so gut verschaffe mir
einen braven Mann (Ü)

Lieber Mann darfst nicht vergessen
pünktlich sein beim Mittagessen (Ü)

Lieber Schatz darfst nicht vergessen,
pünktlich sein beim Mittagessen (2 Ü)

Liebes Weib koch mit Fleiß
meine Lieblingsspeis! (D)

Lohengrins Ankunft (Ü)

Lustiges Feuer, froher Mut
dann gerät das Kochen gut (Ü)

Mach es wie die Sonnenuhr
zähl die heiteren Stunden nur (W)

Macht nicht zuviel Scherben
Sonst bleibt für unsere Erben
Der leere Küchenschrank (Sch)

Mag draußen die Welt ihr Wesen treiben
Mein Heim soll meine Ruhstatt bleiben (W)

Mamas Liebling (V)

Man gehe nie gekränkt vom Herd
man weiß nicht, ob man wiederkehrt (Ü)

Manschetten (B)

Maria hat geholfen (W)

Mariandl-andl, Du hast mein Herz am Bandl! (Ü)

Markt (D)

Mei Ruah will i hab'n (K)

Meine Küche mein Heim (Ü)

Meine Küche mein Stolz (Ü)

Meine Küche nett und rein
soll eine Musterküche sein (W)

Mein Gott und mein Alles! (F)

Mein größtes Glück, mein' größte Freud'
ist meine stille Häuslichkeit. (2 W)

Mein Haus ist meine Welt (W)

Mein Haus ist meine Welt
Worin es mir gefällt (W)

Mein Haus, mein liebes, kleines,
voll Sonne und voll Ruh,
wie eil ich deinem Frieden
am Feierabend zu (W)

Mein Heim in Frieden
mög Gott behüten (W)

Mein Heim meine Welt (W)

Mein Heim mein Glück (Ü)

Mein Heim mein Haus (Ü)

Mein Heim mein Paradies. (2 W)

Mein Heim mein Stolz (Ü)

Mein Herd mein Stolz (4 Ü)

Mein Jesus Barmherzigkeit (F)

Mein lieber Mann
laß nur fein das Topfgucken sein (W)

Mein Liebling (K)

Mein trautes Heim ist meine Welt
daran ich mich erfreue.

Als Wächter hab' ich mir bestellt
die Liebe und die Treue (2 W)

Merk es dir ergrauter Vater
Sage es auch dem Mütterlein,
Soll der Lebensabend ohne Sorge sein
Gib erworbne Güter nicht früh an Kinder ab,
Sonst wirst du zu ihren Sklaven
Und sie wünschen dich ins Grab

Merk es Köchin dir genau,
hältst Ordnung du, ist gut die Frau (2 Ü)

Messer und Gabeln (B)

Metz Deutsches Tor (K)

Mit dem ersten Glockenschlag,
bring Dir Glück ein jeder Tag! (2 W)

Mit Fleiß und Kraft man vieles schafft (W)

Mit frohem Mut
geht alles gut (Ü)

Mit Gott ward dieser Tag vollbracht
Er geb' uns eine gute Nacht (W)

Mit vereinten Kräften! 1914

Morgens nach dem Glück hinüber
Blickt der Mensch noch halb im Schlaf.
Freu dich jeden Abend drüber,
Wenn dich nur kein Unglück traf (W)

Morgenstund hat Gold im Mund (2 Ü, 4 W)

Nach des Tages Lachen und Weinen
Mögen dir Rosen im Traume erscheinen (W)

Nach langer Trennung vom trauten Heim,
Kehrt mancher froh zu seinen Lieben heim,
Was er geseh'n, gelitten in der Zeit,
Bleibt in Erinnerung ihm in Ewigkeit. 1914—1916 (W)

Nach oben blick dankend am Morgen,
Nach oben schick abends die Sorgen (W)

Nachthemden (B)

Nadel, Schere, Fingerhut sind das beste Heiratsgut (D)

Nähmaschine (D)

Nett und rein soll auch das Stockerl sein (= Hocker) (2 D)

Nicht auf Erden suche mich
von den Sternen grüß ich dich (P)

Niemand ist so glücklich dran
Wie ich mit meinem Mann! (W)

Noch ein Tässchen (D)

Noch ist die blühende Zeit (Ü)

Nütze die Stunden
bald sind sie entschwunden (W)

Nütze die Zeit (W)

Nur eine Mutter weiß allein
Was lieben heißt und glücklich sein (2 W)

Nur ein Viertelstündchen (K)

Nur ein Weilchen (2 K)

Nur Fleiß bringt Preiss (W)

Nur nicht verzag,
Glück kommt all Tag (W)

Oberhemden (B)

Ob's draußen stürmt und tobt, uns sei beschieden
Am eig'nen trauten Herd Glück, Ruh' und Frieden (W)

Oft liegt ein menschliches Geschick
in einem einz'gen Augenblick (Ü)

Oftmals wollt' ich schon verzagen
Und ich dacht' ich trüg es nie
Und ich hab es doch getragen
Aber fragt mich nur nicht wie (W)

O gedenke Jesu Lieb am Kreuz für dich (W)

Oh du fröhliche, oh du selige
gnadenbringende Weihnachtszeit (D)

Ohne Fleiß kein Preis (D, 3 Ü, 4 W)

Ohne Kohlen giebt's kein Feuer
Darum sparet, den sie sind theuer (W)

Ordnung erhält
die ganze Welt. (D)

Ordnung gewahrt Mühe erspart (Ü, W)

Ordnung hilft haushalten (2 Ü)

Ordnung und Sauberkeit
regieren die Häuslichkeit (Ü)

Ordnung und Sparsamkeit
sind der Hausfrau Ehrenkleid (Ü)

Ost oder West
daheim am best. (W)

O Tannenbaum, o Tannenbaum (D)

O trauliche Stätte, o heimischer Herd
wie bist du dem deutschen Gemüte so wert
Des menschlichen Schaffens uredelster Keim
er liegt in dem einzigen Wörtlein: Daheim (W)

Papas Stolz (V)

Picolo Picolo
tsin-tsin-tsin
da liegt alle
Weisheit drin (D)

Plättbrett (V)

Pünktlichkeit bannt Sorg' und Streit (3 Ü)

Rast ein wenig (K)

Rein das Herz und rein der Sinn
Ordnung draußen, Ordnung drin,
Ein thätiger Geist, eine schaffende Hand,
Sie bringen den Segen in Haus und Land (Sch)

Rein die Hände, rein der Mund
Rein sei auch der Herzensgrund! (Ü)

Rein die Hand und rein der Mund
Rein das Herz auch zu jeder Stund
Wie das schneeige Lein im Schrein (Sch)

Rein die Red', rein der Sinn
Ordnung draußen, Ordnung drin (Ü)

Rein und fein sollst du sein. (Ü)

Rein und Ganz
der Küche Glanz (Ü)

Rein und treu
dein Herz stets sei (Ü)

Rein wie der hellste Edelstein
ist Mutterliebe ganz allein (P)

Reinlichkeit das Herz erfreut (Ü)

Reinlichkeit der Küche Zierde (Ü)

Reinlichkeit des Hauses Zierde (Ü)

Reinlichkeit ein Ehrenkleid (Ü, W)

Reinlichkeit ist eine Zier (2 Ü)

Reinlichkeit sei deine Freude (Ü)

Reinlichkeit stets erfreut! (Ü)

Rolle (D)

Rolle glatt und fein (B, 2 D)

Rolle mit Bedacht (D)

Rotkäppchen (W)

Rühr munter die Hände (D, Ü, 2 W)

Rüstig schaffe, nie erschlaffe! (W)

Ruft einst das Vaterland uns wieder
als Reservist als Landwehrmann
so legen wir die Arbeit nieder
Und folgen treu der Fahne dann (P)

Ruhig, Papa schläft (K)

Salz und Brot
Gebe Gott (D)

Sauberkeit das Herz erfreut (Ü)

Sauberkeit in Küch und Keller
Etwas Gutes auf dem Teller (Ü)

Sauberkeit ist meine Freud' (Ü)

Sauberkeit macht immer Freud'! (Ü)

Sauberkeit ziert allezeit (2 Ü)

Saub're Küche guter Keller
Schmackhaft Essen auf den Teller (W)

Schaffe spät und früh
stets mit Fleiß und Müh
die Frau belohnet sie! (W)

Schaff' rührig im Haus,
dann bleibt der Segen nicht aus (W)

Schaue vorwärts nicht zurück,
Neuer Mut ist Lebensglück (W)

Schau freudig vorwärts, nicht zurück
denn jeder Tag bringt neues Glück (W)

Schau nicht ins Töpfchen lieber Mann,
die Küche geht dich gar nichts an (Ü)

Scherben bringen Glück (Ü)

Schlafe wohl (2 B, D, 5 K)

Schlecht ist es mit dem Haus bestellt,
wo bei dem Herd die Köchin fehlt (W)

Schließ die müden Augen zu
Gott behüte deine Ruh' (W)

Schloss Heidelberg (W)

Schmeckt daheim der Schmaus,
bleibt der Mann zuhaus (Ü, W)

Schmücke dein Heim (W)

Schnell und frisch auf den Tisch (Ü)

Schnell und frisch gibt guten Tisch (3 W)

Schön Wetter (B)

Schwarz-gelb und schwarz-weiß
Bleiben treu in Not und Tod (W)

Sei emsig (Ü)

Sei fleißig (Ü)

Sei mit den Deinen allzeit im Reinen (W)

Seid fröhlich in Hoffnung
Geduldig in Trübsal
Haltet an im Gebet (W)

Seit Adam und Eva die Liebe aufgebracht
Hab's ich und mein Schatz auch so gemacht (W)

Selbst in der kleinsten Hütte
Da soll der Wäscheschrein
Nach deutscher Hausfraun Sitte
In bester Ordnung sein

Serviette (2 B)

Sich regen bringt Segen (2 D, Ü, 2 W)

Singe, wem Gesang gegeben (V)

So a Wein erwärmt mi sehr
doch mei Schatzerl wärmt noch mehr (Ü)

So du ein liebes Heim gegründet
Der Wäscheschatz sei gut bedacht
Den Stolz der Hausfrau er verkündet
Wenn blendend weiß die Wäsche lacht (Sch)

So fromm, wie ein Lämmchen
wünsch ich mir mein Männchen (2 W)

Solang die Liebe steuerfrei,
solang bleib ich mei'm Schatzerl treu (K)

Sommer (D)

Sorge, aber sorge nicht zuviel,
Es geht doch wie's Gott haben will (2W)

Spare mit dem Feuer
Kohlen sind gar theuer (W)

Sparen muß man jetzt gewiß,
weil alles jetzt so teuer ist (W)

Stark sein im Schmerz (A)

Staubtücher (B)

St. Quentin 1917 (V)

Streben bringt Leben (Ü)

Strebsamkeit bringt dich weit (Ü)

Streut Blumen der Liebe zur Lebenszeit
Bewahret einander vor Herzeleid (8 W)

Suche das Glück nicht weit,
es liegt in der Häuslichkeit (2 W)

Tages Arbeit, Abends Gäste
Saure Wochen, Frohe Feste (D)

Taschentücher (B)

Teure Heimat sei gegrüßt (W)

Topflappen (6 B)

Träume süß (B, K)

Trautes Heim, Glück allein (A, 6 Ü, W)

Trink und iß
Gott nicht vergiß (2 D)

Üb' Sparsamkeit! (W)

Übe früh dich, hauszuhalten (Ü)

Über alles die Pflicht (Ü)

Über den Sternen steht geschrieben,
der Mensch soll glauben, hoffen und lieben (W)

Um die Besen nicht zu zeigen,
Häng mich drüber glatt und eigen (Ü)

Umweht vom Sommerwinde
Gebleicht auf grüner Au
Ruht es nun still im Spinde
Zum Stolz der deutschen Frau (Sch)

Und der Herr sprach: wahrlich ich sage euch,
jemand von euch wird mich verraten (W)

Und drinnen waltet die züchtige Hausfrau
Und herrschet weise im häuslichen Kreise
Und mehrt den Gewinn mit ordnendem Sinn (Sch)

Und ist gefüllt mit Linnen der Schrein,
So wird er der Hausfrau Schatzkästlein sein (Sch)

Und regt ohne Ende
die fleißigen Hände (W)

Unschuldiges Lamm Gottes
erbarme dich unser (W)

Unser Kaiser 1848—1908 (W)

Unser täglich Brot gib uns heute (B, 3 D)

Unser Vater ist im Krieg.
Lieber Gott hilf ihm zum Sieg.
Breite Deine Flügel aus,
bring ihn bald gesund nach Haus! (W)

Unterröcke (B)

Vater laß die Augen dein, über diesem Bette sein! (W)

Vergesse nie die Heimat, wo deine Wiege stand,
du findest in der Ferne kein zweites Heimatland (W)

Vergiß deine Heimat nicht (K)

Vergiß den Kummer im süßen Schlummer (W)

Vergiß nicht am Morgen
die Lampen zu besorgen (B)

Vergißmeinnicht ruft es so zart
Vergessen sein ist gar so hart (2 Ü)

Versuch macht klug (4 Ü)

Vertrau auf Gott (A)

Viel Glück (Ü)

Vogerl flieg in die Welt hinaus,
Bring mir recht viel Glück in's Haus (2 W)

Von Lieb allein wird niemand satt,
Wohl dem, der was zu löffeln hat (W)

Von meim Geburts Haus mit dem schönsten Grus
geh ich ins fremde Haus wo ich Leben mus! (Ü)

Vor Schaden bewahren
heißt Geld sparen (W)

Vorwärts Hand in Hand gestrebt
keinen Tag umsonst gelebt
Treu in Glück und in Gefahr
In der Liebe fest und wahr (W)

Wäsche (3 B)

Wäscheleine (2 B)

Wäscherin, plätte fein (V)

Wasch dich oft und kalt
Bleibst gesund wirst alt (W)

Was Bess'res giebt's auf Erden nicht,
als Frieden und ein gut' Gericht (W)

Was du erstrebst, trefflich gelinge,
Was du vollbracht, Segen bringe (Sch)

Was man schreibt
das verbleibt (D)

Was Mütterlein mir einst beschert
halt ich in diesem Schranke werth
Soll glatt und fein geordnet sein
Wie's einstens hielt mein Mütterlein (3 Sch)

Was Rocken, Webstuhl und Nadel gemacht,
Wird hier fein säuberlich untergebracht.
Willst du das Ganze richtig verwalten,
Gilt's Neues erschaffen und Altes erhalten (Sch)

Weihnachtsmann wir seh'n dich gern
bring' uns Glück von Nah' und fern! (W)

Weißer Hollunder blüht wieder im Garten (K)

Weißt du wie's am besten schmeckt
frisch gekocht und rein gedeckt (W)

Wenn alle Künste untergehn
Kochkunst ewig bleibt bestehen (Sch)

Wenn alles blitzt im Haus,
schmeckt doppelt gut der Schmaus (W)

Wenn das Geräthe
blitzt wie Gold
Ist man der Köchin
sicher hold (Ü)

Wenn Dein Herz ist wie das mein'
muß die Lieb' beständig sein (W)

Wenn der Morgen graut
fröhlich aufgeschaut (W)

Wenn des Lebens Stürme toben
Wende deinen Blick nach oben. (W)

Wenn des Schicksals Stürme toben
Richte stets den Blick nach oben (P, Ü)

Wenn die Blätter leise rauschen

Wenn die Not am größten
Ist Gottes Hilfe am nächsten

Wenn du denkst, ich lieb dich nicht
und treib mit dir nur Scherz,
dann guck doch in die Kochtöpf rein,
dann lacht dein ganzes Herz (Ü)

Wenn du eine Rose schaust
Sag ich laß sie grüßen (Ü)

Wenn du im Herzen Frieden hast
Wird dir die Hütte zum Palast (Ü, W)

Wenn Du noch eine Mutter hast,
So sollst Du sie mit Liebe pflegen,
Damit sie einst ihr teures Haupt
Getrost dann kann zur Ruhe legen (W)

Wenn sich der Eltern Augen schließen,
Ihr mattes Aug' im Tode bricht,
Dann ist das schönste Band zerrissen,
Denn Elternlieb vergißt man nicht (2 W)

Wenn Trübsal einkehrt, nicht verzage,
es kommen wieder bessere Tage (Ü)

Wer Böses von mir spricht,
Betrete meine Wohnung nicht!
Denn jeder hat in seinem Leben
Auf sich selber acht zu geben (Ü, 2 W)

Wer die Krume nicht ehrt
ist des Weckens nicht wert (D)

Wer ist Meister? Der was ersann.
Wer ist Geselle? Der was kann.
Wer ist Lehrling? Jedermann. (D)

Wer nicht anfängt
Wird nicht fertig (Ü)

Wer rastlos wirkt schon früh am Morgen
und treulich nützt die Tageszeit,
weiß nichts von Kummer und von Sorgen,
weil Arbeit wahres Glück verleiht (W)

Wer schmollt, macht sich und andern Pein,
Wer schaffen will, muß fröhlich sein (W)

Wer stickt und flickt
oft mehr beglückt
als wer das Schwert
des Geistes zückt (D)

Wer über andere Schlechtes hört,
der soll's nicht weiter künden.
Gar leicht ist Menschenglück zerstört,
gar schwer ist Menschenglück zu gründen (W)

Wer zürnt macht sich und anderen Pein,
Wer schaffen will, muß fröhlich sein (W)

Wie kann Dein Morgen trübe
Dein Abend dunkel sein
Denn Deines Gottes Liebe
Giebt ihren hellen Schein (W)

Wie viele Liebesmühe legte
die Mutter mit in diesen Schrein
Und ihr, die deine Jugend pflegte
Mein Kind, sollst stets du dankbar sein (Sch)

Willkommen frohe Gäste (D)

Willkommen liebe Gäste (D)

Willst du eigen sein,
halt die Besen rein (Ü)

Willst du eigen sein, rolle glatt und fein (D)

Willst du die Tugend einer Frau errathen
schau' in ihr Stübchen, prüf ihren Braten (Sch)

Willst glücklich sein du jederzeit
Halt aus in Freud, halt aus in Leid (W)

Winter (D)

Wirtschaftsbuch (V)

Wir wollen den Frieden
Freiheit und Recht
Daß Niemand sei des Anderen Knecht
Daß Arbeit aller Menschen Pflicht,
und Niemand es an Brot gebricht (P)

Wo die Schwalben nisten, wohnt das Glück (W)

Wo fleißige Hände sich regen
ist stets Gottes Segen (W)

Wo Glaube, da Liebe
Wo Liebe, da Friede
Wo Friede, da Segen, wo Segen, da Gott
Wo Gott keine Noth (W)

Wo Liebe da Frieden (W)

Wo Liebe und Treu' die Wache hält,
da ist's im Hause wohlbestellt (P)

Wo Lieb und Einigkeit regiert,
da ist das ganze Haus geziert (W)

Wo Ordnungssinn das Haus regiert
den Segen überall man spürt. (W)

Wo Schwalberln Nesterl bauen
dort ist Glück im Haus,
Wo die Lieb wohnt und Vertrauen,
Geht nie der Segen aus (W)

Wohl bekomm's (4 D)

Wolle / Baumwolle (B)

Zeit ist Geld (Ü)

Zeitung (B)

Zieh fröhlich hinaus
Kehr glücklich nach Haus (W)

Zu jeder Zeit — Wasser bereit (D)

Zufriedener Sinn
bringt Glück und Gewinn (P)

Zufriedenheit im Heim
Ist der Ehe Sonnenschein (W)

Zufriedenheit im Heim
Ist des Lebens Sonnenschein (W)

Zufriedenheit macht glücklich (Ü)

Zum guten Wort ein guter Trunk
hält Leib und Seele stets gesund (D)

Zum Kochen braucht man Geld und Ruh'
Aber keinen Mann dazu (W)

Zum Rendezvous in dunkler Nacht
Mein Kätzchen leise schleicht (D)

Zur Essenszeit scheuch Sorg und Leid (D)

Zur rechten Zeit nur fleißig sein
Die Arbeit fällt nicht schwer
Wer in der Jugend nicht gespart
Im Alter geht's nicht mehr (W)

Zur rechten Zeit
sei alles bereit (Ü)

Zwei Lebensstützen brechen nie
Gebet und Arbeit heißen sie (2 W)

Zwiebeln (B)

Eine Seite für den Sammler

Im letzten Jahrhundert wurden häufiger als heute Textilien gesammelt. Damals trugen die Sammler vor allem kleine Stoffproben unterschiedlicher Stoffe- und Gewebearten aller Länder und Zeiten zusammen. Außer Material, Technik, Alter und Ästhetik interessiert heute vor allem die Funktion des betreffenden Stoffes. War er ein Teil einer Tracht, eines höfischen oder kirchlichen Gewandes oder modischer Bekleidung? Gehörte er zu einem Vorhang oder einer Bettdecke?

In diesem Zusammenhang sind zwei Fragenkreise von Interesse:
a) Wo, wann und wie wurde der Stoff von wem gemacht?
b) Wann und wie wurde der Stoff von wem verwendet?

Das alles sollte man, soweit möglich, erfragen und notieren, um eine Sammlung sinnvoll und in größerem Zusammenhang verwertbar zu machen. Das trifft übrigens keinesfalls nur für die sehr alten und ebenso kostbaren altperuanischen oder koptischen Stoffe zu, sondern durchaus auch für so Triviales, wie es unsere Stickereien für Haus und Küche sind. Sie haben nicht den ästhetischen und materiellen Wert sehr alter Textilien, doch verdienen diese Objekte besondere Aufmerksamkeit wegen des sozialen Umfelds, in dem sie entstanden sind und benutzt wurden.

Die beste und aufschlußreichste Quelle sind deshalb Verwandte und Freunde der älteren Generation, die noch oft alte Stickereien in ihren Truhen und Schränken verwahrt haben und Bemerkenswertes darüber zu berichten wissen.

Wie behandelt man alte Textilien?

Es lassen sich in der Textil-Konservierung und -Restaurierung kaum allgemein verbindliche Regeln aufstellen, denn jedes Stück erfordert eine individuelle Behandlung und Berücksichtigung aller Eventualitäten.

Trotzdem gibt es gewisse Grundregeln, die auf jeden Fall beachtet werden müssen und die man insbesondere für ein so klar umrissenes Gebiet festlegen kann, wie es die Stickerei auf Leinen- und Baumwollgrund zwischen den Jahren um 1870 bis 1930 ist.

Vorauszuschicken ist noch ein Merksatz: Lieber einige Flecken oder vergrautes, bzw. vergilbtes Gewebe in Kauf nehmen, als Fasern oder Farbe zerstören!

1. Staub entfernen (mit weicher Bürste oder mit dem Staubsauger; bei losen Fäden locker gewebten Stoff, z.B. Crêpeline vor dem Saugen darüberlegen).

2. Lose Fäden mit feinster Nadel und feinstem Faden fixieren (am besten mit geteilter Naturseide, die durch reines Bienenwachs gezogen wurde).

3. Auf Farbechtheit prüfen. An unauffälliger Stelle mit einem weißen Läppchen, das mit dem geplanten Waschmittel befeuchtet wurde, reiben. Geht keine Farbe ab, so ist Naßwäsche möglich.

4. Entflecken. Häufige Rostflecken, die durch das Befestigen mit Reißnägeln entstanden sind, kann man bei diesen Leinen- oder Baumwollstoffen ohne größere Bedenken mit handelsüblichen Rostentfernern (z.B. dem der Fa. Heitmann) herausnehmen. Ist der Stoff nicht rein weiß, oder sitzen die Flecken in der Nähe der Stickerei, so ist eine Farbechtheitsprobe an unauffälliger Stelle vorzunehmen. (Bei Indanthren-gefärbten Fasern kehrt übrigens die Farbe nach dem Waschen wieder, das Verblassen ist nur vorüber-

gehend. Trotz allem, immer Probe machen!)

5. Waschen in einer Wanne mit destilliertem oder wenigstens demineralisiertem Wasser. Es läßt sich u.a. mit den für den Haushalt handelsüblichen Filtern für Dampfbügeleisen etc. gewinnen. Als Waschmittel verwende man nur neutrale Detergentien, die keine optischen Aufheller oder anderen Zusätze enthalten. Am besten geeignet ist Lusyntol der BASF, aber man kann notfalls auch Satina (in Apotheken erhältlich) oder Feinwaschmittel benutzen.
   Das Stoffstück im ersten kalten Waschbad möglichst flach ausgebreitet einige Stunden ziehen, dann das Wasser abfließen lassen und im zweiten Waschbad mit einem Naturschwamm vorsichtig partienweise durchdrücken. Das Wasser kann lauwarm bis heiß sein, evtl. sogar kochen (extra Farbprobe!). Bitte niemals in der Waschmaschine waschen! Der Waschvorgang muß beobachtet werden können, da Brüchigkeit des Gewebes oder der Stickfäden manchmal erst beim Waschvorgang offenbar werden und trotz Probe ein unerwartetes Ausbluten der Farben auftreten kann. (In diesem Fall »Albigen« von BASF oder einen ›Schuß‹ 30%ige Essigsäure ins Spülbad geben und notfalls mit Tüchern und Föhn möglichst rasch trocknen).
   Nach der Wäsche mit Waschmittelzusatz mehrfaches Spülen in demineralisiertem Wasser, jeweils ca. 1 Stunde. Schließlich vorsichtiges Ausdrücken, nicht Wringen und Schleudern. Bei den meist noch kräftigen Tüchern ist Trocknen auf der Leine möglich, während empfindliche Textilien, vorsichtig in Form gezogen, immer liegend getrocknet und dabei so stark gespannt werden, daß das Bügeln entfallen kann. Bei unseren gestickten Sprüchen wird das Bügeln in den meisten Fällen erlaubt sein. (Zunächst von der rechten Seite, dann von der linken auf weicher Unterlage, damit die Stickerei plastisch wird).
   Ein eigenes Kapitel stellen die mit Seide bestickten Leinenobjekte dar. Läßt die Farbechtheit zu wünschen übrig, so ist eine Wäsche in 1 L Waschbenzin (möglichst im Freien, nie in der Nähe von offenem Feuer!) anzuraten. Lieber graues Leinen, als ausgelaufene Farben!

6. Vor dem Bügeln sind die nötigen Restaurierungsarbeiten vorzunehmen. Es soll kein *neues* Tuch entstehen, sondern ein *altes* mit seinen Gebrauchsspuren *soll erhalten werden*, besonders als Laie sollte man nur solche Maßnahmen treffen, die sich wieder rückgängig machen lassen, z.B. Löcher im Grundstoff nicht »kunststopfen«, sondern mit möglichst ähnlichem Stoff fadengleich unterlegen. Ränder mit feinen geraden Stichen umstechen und auf der Unterlage mit ebensolchen befestigen; natürlich wieder mit feinster Nadel und feinstem Faden! Beschädigte Stickerei nicht nachsticken, sondern nur lose Fäden in ihrer ursprünglichen Lage befestigen (dafür evtl. Fäden einfärben oder [notfalls] echte Nähseide im passenden Ton verwenden).

7. Textilien müssen trocken aufbewahrt werden. Sie sollen ungeknickt, also möglichst flach ausgebreitet oder auf einer dicken Rolle weggelegt werden. Zwischen die einzelnen Stofflagen wird ungechlortes, säurefreies Seidenpapier gelegt (es wird auch von Gold- und Silberschmieden benötigt, und ist deshalb relativ leicht zu bekommen).

Die meisten gestickten Sprüche für Haus und Küche sind jedoch noch so robust, daß sie nicht als Reliquien im Schrein zu liegen brauchen, sondern daß sie noch jahrelang zu unserem Vergnügen an den Wänden hängen können!

Anmerkungen

1. Standort: Kloster Wienhausen. Lit.: Marie Schuette: Gestickte Bildteppiche und Decken des Mittelalters, Bd. 1, Leipzig 1927, S. 10, Tafel 1-9
2. Standort: Georgskapelle vor Wernigerode. 2. Viertel des 13. Jahrhunderts. Lit.: Marie Schuette, a.a.O. Bd.2, S. 53, Tafel 34-35
3. Meyer-Heisig, Erich: Ein Augsburger Prunkhandtuch aus der Mitte des 13. Jahrhunderts, in: Tiroler Heimatblätter 31, 1956, S. 47 f.
4. Meyer-Heisig, Erich: Weberei, Nadelwerk, Zeugdruck. München 1956, S. 76, Abb. 81
5. Jakob Falke: Die Kunst im Hause. Wien 1871, S. 356 und S. 360
6. zitiert nach Karl Rosner: Die dekorative Kunst im 19. Jahrhundert. Berlin 1898, S. 60
7. Julius Lessing: Muster altdeutscher Leinenstickerei. Berlin 1879
8. Julius Lessing: Sprüche auf altdeutschen Leinendecken. In: Illustrirte Frauen-Zeitung 4, 1877, S. 302
9. Illustrirte Frauen-Zeitung 13, 1886, S. 160
10. Meyer-Heisig, Erich: Weberei, Nadelwerk, Zeugdruck. München 1956, S. 48
11. Illustrirte Frauen-Zeitung 3, 1876, S. 302
12. Helene Simon: Das Stickereigewerbe in Berlin. Berlin 1899, S. 500
13. Verena Trudel: Schweizerische Leinenstikkerei. Bern 1954, S. 59
14. Dies Blatt gehört der Hausfrau 16, 1901/02, S. 577
15. Reklame für die »Lehrbücher der Modenwelt«: 3. Band »Die Anfertigung der Leib- und Hauswäsche« in einer Frauen-Zeitung v. 1887
16. Helene Simon: Das Stickereigewerbe in Berlin 1899, S. 510
17. Käthe Gaebel: Die Lage der Heimarbeiterinnen Berlin 1912, S. 27
18. Monika 29, 1897, S. 91
19. Monika 39, 1907, S. 34
20. Die Heimarbeit in der deutschen Textilindustrie. Hrsg.: Deutscher Textilarbeiterverband Berlin 1925, S. 23
21. Marie Leske: Illustrirtes Spielbuch für Mädchen. Leipzig 1875, S. 3, 11.
22. Walter Benjamin: Berliner Kindheit um 1900. Ffm. 1950, Benutzte Ausgabe 1977, S. 137
23. Marie Bürkner: Beschäftigungsbuch für Mädchen. Leipzig 1894, S. 61
24. Meyers Konversationslexikon 1897
25. Illustrirte Frauen-Zeitung 14, 1887, S. 257. Unter dem Titel: »Ein Erwerbszweig für Töchter höherer Stände«
26. Dieselbe 8, 1881, S. 43
27. Adalbert Stifter (1805-1862) Erzählungen in der Urfassung Hrsg. Max Stefl. Augsburg 1953, S. 97-99
28. Elise Polko (geb. 1823): Unsere Pilgerfahrt von der Kinderstube bis zum eigenen Heerd. Leipzig 1871, S. 188
29. Großes Illustriertes Frauenlexikon. Berlin 1900, Anhang S. 14
30. Joseph August Lux: Der Geschmack im Alltag. Dresden 1910, S. 31
31. Derselbe S. 32
32. Wilhelm Michel: Weibliche und männliche Arbeit. In: Stickereien und Spitzen. Hrsg. Adolph Koch, Darmstadt 1930/31, S. 73
33. Hinweis von Frau Dr. Pieske, Lübeck
34. Monika 35, 1903, S. 512
35. Reklame der Fa. Grünfeld, Landeshut in Sachsen, 1886
36. Helene Simon: Das Stickereigewerbe in Berlin 1899. S. 529
37. Isa von der Lütt: Die elegante Hausfrau. Berlin 1892, S. 34
38. Joseph August Lux: Die moderne Wohnung und ihre Ausstattung. Wien u. Leipzig 1905, S. 38
39. »Praktische Winke« in Monika 39, 1907, S. 274
40. Illustrirte Frauen-Zeitung 10, 1883, S. 339
41. Illustrirte Frauen-Zeitung 9, 1882, S. 362
42. Dies Blatt gehört der Hausfrau 20, 1905, S. 261
43. F. Koberstein: Die Lage der Handweber des bayerischen Fichtelgebirges, in: Heimarbeit in der Textilindustrie, Hrsg. Zentralverband christlicher Textilarbeiter Deutschlands. Berlin 1925, S. 22 f
44. Die Heimarbeit in der deutschen Textilindustrie, Hrsg. Deutscher Textilarbeiterverband. Berlin 1925, S. 75
45. Joseph August Lux: Die Moderne Wohnung und ihre Ausstattung. Wien/Leipzig 1905, S. 18
46. Illustrirte Frauen-Zeitung 9, 1882, S. 35
47. Anna Kübler: Der Haushalt. Handbuch des Wissenswürdigsten im gesamten Wirken der Hausfrau. Regensburg 1891, S. 32
48. Anna Kübler: Der Haushalt. Regensburg 1891, S. 33
49. Dies Blatt gehört der Hausfrau 15, 1901, S. 854
50. Moeller: Die Hausfrau in ihrem Schalten und Walten. Ulm 1898, S. 28 f
51. Emmy Klieneberger-Nobel: Pionierleistungen für die Medizinische Mikrobiologie. Stuttgart 1977, S. 28 f
52. Moeller: Die Hausfrau in ihrem Schalten und Walten. Ulm 1898, S. 175
53. Monika 29, 1897, S. 62
54. Moeller: Die Hausfrau in ihrem Schalten und Walten. Ulm 1898, S. 175
55. M. von Redelien: Haus und Herd. Riga 1901, S. 66
65. Walter Benjamin: Berliner Kindheit um 1900. Frankfurt 1977, S. 107
57. Luise Holle: Im deutschen Haus. Hanau 1903, Bd. I, S. 202
58. Dies Blatt gehört der Hausfrau 15, 1900/01, S. 854
59. J. v. Wedell: Mein Haus mein Stolz. Stuttgart 1897, S. 286
60. K.A. Regnet: Die Frauenarbeit auf der Kunst- und Kunstgewerbe-Ausstellung in München, in: Illustrirte Frauen-Zeitung 3, 1876, S. 303
61. vgl. Wolfgang Brückner: Elfenreigen — Hochzeitstraum. Schauberg 1974, S. 18
62. Berta Dißmann: Ratgeber für Haus und Herd. Dresden 1914, S. 274
63. im Besitz von Frau Preusker, München
64. vgl. Martin Scharfe, Rudolf Schenda, Herbert Schwedt: Volksfrömmigkeit. Bildzeugnisse aus Vergangenheit und Gegenwart. Stuttgart 1967, S. 124
65. Monika 40, 1908, S. 128
66. Monika 36, 1905, S. 201
67. Für's Haus 25, 1906, S. 88
68. vgl. Heinz Schilling: Wandschmuck unterer Sozialschichten. Europ. Hochschulschriften, Reihe XIX, Nr. 4. Bern 1971, S. 135
69. vgl. Hannes Sturzenegger: Volkstümlicher Wandschmuck in Zürcher Familien. Bern 1970, S. 281. Vgl. auch Anhang B: Preisliste, Abt. Brandmalerei.
70. Dies Blatt gehört der Hausfrau 13, 1898/99, S. 407
71. Martin Scharfe: Das Evangelische Andachtsbild. Stuttgart 1968, S. 320f
72. Wegweiser zum Häuslichen Glück für Mädchen. Mönchen Gladbach 1888, zitiert nach 17. Aufl. von 1895

Begriffserklärung

Aidastoff: Baumwollgewebe mit gitterartigen Durchbrucheffekten.

Applikationstechnik (= Aufnäharbeit): Aufnähen von ausgeschnittenen Stoffteilen zur Musterbildung; Kanten verdeckt von Schnürchen oder Zierstichen.

Atlas (= Satin): Gewebe, das durch wenig gebundene Kettfäden eine glänzende Oberfläche erhält.

Bindlöcher, kordonnirte (= kordonierte): Umrißlinien werden mit Vorstichen markiert, Grundstoff und Vorstiche werden zusammen mit eng aneinanderliegenden Schnurstichen umnäht.

Canevas (= Kanevas = Gitterleinen): Gitterartig durchbrochene, lockere Gewebe, meist in Scheindreherbindung.

Chenille: gedrehte, ausgefranste Schnur von raupenartigem samtigem Aussehen.

Durchbruch: Wird durch Ausziehen, Ausschneiden und Umnähen von Fäden des gewebten Stoffes erzielt.

Feston: siehe Languette

Gitterleinen: Siehe Canevas

Hexenstich (= Kreuznahtstich): oben sind die sich kreuzenden Fäden sichtbar, unten zwei parallele Reihen von Steppstichen.

Hohlsaum: Randverzierung, die durch Herausziehen mehrerer nebeneinander liegender Schußfäden entsteht und durch anschließendes Zusammenfassen einzelner Bündel von freiliegenden Kettfäden bei gleichzeitiger Fixierung an die Naht.

Javastoff: panamabindiges (d.i. eine der Leinwandbindung entsprechende Bindung, aber doppelfädig), locker eingestelltes Baumwollgewebe für Stickereizwecke.

Kanevas: Siehe Canevas

Kästchenstich: Aus Vorstichen gebildete Kästchen.

Kattun: leinwandbindig aus ungefärbtem Baum-

wollgarn gewebter, hauptsächlich für den Druck bestimmter, aber auch einfarbig gefärbter Stoff.
Kettstich: Gebildet durch Fadenschlingen, die jeweils vom nächsten Stich festgehalten, eine ineinanderhängende Kette bilden.
Knötchenstich: Der Faden wird 2-4 mal fest um die Nadel gewickelt und rückwärts eingestochen.
Köper: Eine Grundbindung, die gekennzeichnet ist durch schräg laufende erhabene Rippen; sie entstehen dadurch, daß stets der nächstfolgende Kettfaden über dem nächstfolgenden Schußfaden bindet.
Konkreßband: dickfädiges, poröses leinwandbindiges Baumwollgewebe in Bandbreite gewebt.
Kreuzstich: zwei schräg laufende Stiche, welche übereinandergelegt ein Kreuz bilden.
Languette (= Feston = Schlingstich) siehe languettieren.
languettieren (= festonnieren = schlingen): Besonders für Randabschlüsse geeignet. Languettiert wird nach vorherigem Vorziehen, evtl. auch Unterlegen, in von links nach rechts gearbeiteter dichter Stichfolge. Die Schlinge kommt dabei immer unter die von unten nach oben gerade durchgeführte Nadel zu liegen.
Leinwandbindung: Die einfachste Bindungsart, bei der abwechselnd Kette und Schuß oben liegen. In der nächsten Reihe versetzt, usw.
Leinenzwirn-Crêpe: Ein aus mehreren Leinenfäden gedrehter Faden, ist in Krepp-Bindung verwebt. Das Charakteristische dieser Bindung ist eine unruhig körnig aussehende Oberfläche, die durch unregelmäßig aber sorgfältig verteilte Bindungspunkte zustandekommt.
Madeirastickerei (= Löcherstickerei = Lochstikkerei): siehe kordonierte Bindlöcher oder auch languettierte Bindlöcher, zu zusammenhängenden Mustern kombiniert.
Nadelmalerei: Siehe schattierte Plattstich-Stikkerei.
Papiercanevas: fein vorgelochter Karton (pro qcm 64 Löcher)
Plattstich, einfacher (= Flachstich): Die vorgezogenen Konturen werden von glatten, gerade oder schräg eng nebeneinander liegenden Stichen bedeckt.
Plattstich, unterlegter (= Hochstich): Die durch vorgezogene Konturen entstehenden Flächen werden mit Spannstichen, Vorstichen, Kettstichen oder Hexenstichen gefüllt (= unterlegt), anschließend werden eng nebeneinanderliegende Stiche gerade oder schräg darübergeführt.
Plattstich, schattierter (= ineinandergreifender): Ungelich lange, ineinandergreifende Stiche verschieden abschattierter Farben ermöglichen malerische Nuancen, daher heißt diese Stickerei auch Nadelmalerei.
Posamentenbesatz: hier mehrfarbige Borte aus Baumwolle mit Schlingenverzierung, sonst vor allem mit Quasten und Fransen.
Reliefstickerei: Stark unterlegte Kordonier-, Platt- oder vor allem Languetten-Stickerei, auch Ventianer-Stickerei genannt. Ähnlich sind Renaissance- und Richeleu-Stickerei.
Satin: Siehe Atlas
Schlingstich: Siehe Languette
Schnurstich (= Kordonierstich): Eine vorgezogene Linie wird zusammen mit dem Grundstoff mit geradem Stich eng umnäht.
Silbercantille (= Silberbouillon): feiner spiralig gedrehter Silberdraht.
Spannstich: Vorstiche, dessen obenliegende Stickfäden lang und dessen unten liegende Stickfäden möglichst kurz sind (meist nur 1 Faden wird gefaßt)
Spinne, genähte: Fäden werden über einen gemeinsamen Mittelpunkt gespannt und an diesem durch Flechtstich miteinander verbunden.
Steppstich: Kleine gerade aneinander gereihte Stiche, an der Oberseite aneinanderstoßend, auf der Unterseite doppelt laufend, da der Stich jeweils zurückgreift.
Stielstich: Schräg laufende Stiche, die jeweils bis zur Hälfte des vorhergehenden zurückgreifen.
Tambourirstickerei: mit einer feinen Häkelnadel und einem speziellen Fingerhut ausgeführt oder mit einer Tambourirmaschine. Entspricht dem Kettstich.
Vorstich: Fortlaufende gerade Stichführung, die den Faden in gleicher Länge oben wie unten durch den Stoff führt.
Vorziehen: Konturen mit kleinen Vorstichen kennzeichnen.

Bildnachweis

Alle im Bildnachweis nicht aufgeführten Objekte stammen aus der Sammlung Stille.
Abb. SW 1: Waschschrank. In: Illustrirte Frauen-Zeitung 11 (1884) S. 384
Abb. SW 10b: Überhandtuch mit Monogramm: Privatbesitz M. Kreutz
Abb. SW 11: Hausindustrielle bei der Plattstichstikkerei, Sohl bei Bad Elster im Vogtland. In: Die Heimarbeit in der deutschen Textilindustrie. Berlin 1925, S. 54
Abb. SW 12: Sticksaal in einem Großbetrieb (A.T. Stewart N.Y.) In: Illustrirte Frauen-Zeitung 2 (1875), S. 217
Abb. SW 15: Französische Gouvernante mit Kindern. Originalfoto Cabinet, Sammlung Stille
Abb. SW 28: Hausindustrielle bei der Plattstichstikkerei, Sohl bei Bad Elster im Vogtland. In: Die Heimarbeit in der deutschen Hausindustrie. Berlin 1925, S. 55
Abb. SW 30: Waschständer. In: Illustrirte Frauen-Zeitung 11 (1884), S. 349
Abb. SW 31: Wohnzimmer. In: Illustrirte Frauen-Zeitung 12, (1885), S. 189
Abb. SW 33: Wohnzimmer mit Antimakassar. Originalfoto 114 x 143 mm, Sammlung Stille
Abb. SW 43: Schlafzimmer. In: Illustrirte Frauen-Zeitung 11 (1884), S. 237
Abb. SW 48: Waschtisch. In: Handarbeitsbücher der Deutschen Moden-Zeitung, Hardanger Stikkerei, Leipzig 1913, S. 12
Abb. SW 52: Schlafzimmer mit Betthimmel. Originalfoto 113 x 163 mm, Sammlung Stille, Repro: Seitz-Grey, Frankfurt/M.
Abb. SW 54: Muster für Bettwäsche. In: Vobachs Handarbeitsbücher, Richelieustickerei, Leipzig 1924
Abb. SW 58: Stickerei-Vorschläge für's Bügelzimmer. In: Handarbeiten-Beilage zu: Grosse Modewelt 25 (1916) Heft 7
Abb. SW 65: Speisezimmer mit Überhandtuch. Originalfoto 113 x 163 mm, Sammlung Stille, Repro: Seitz-Grey, Frankfurt/M.
Abb. SW 66: Speisezimmerbüffet. In: Dies Blatt gehört der Hausfrau 13 (1898/99), S. 75
Abb. SW 67: Stummer Diener. In: Mode und Haus 12 (1896) Beilage
Abb. SW 71: »Komm Herr Jesu sei unser Gast«, nichtfarbige Chromolithographie, Sammlung Stille. Vgl. auch Brückner: Elfenreigen Hochzeitstraum. Schauberg 1974, S. 87, anstelle des Wandspruchs hängt ein Landschaftsbild.
Abb. SW 72: Serviette. Privatbesitz M. Kreutz, Fürnried
Abb. SW 76: Wandschmuck hinter einem Kinderbett. In: Handarbeitenbeilage zu: Grosse Modenwelt 19 (1910), Septemberheft
Abb. SW 81: Garnitur für die Küche. In: Dies Blatt gehört der Hausfrau 13 (1898/99), S. 75
Abb. SW 82: Küchengarnitur. In: Handarbeitsbeilage zu: Grosse Modenwelt 19 (1910), Septemberheft
Abb. SW 103: Sprüche für das Küchenbrett. In: Das Kränzchen 8 (1895/96), S. 208 f
Abb. SW 109: Votivtafel in Kreuzstichmuster. In: Monika 35 (1903), S. 296
Abb. SW 113: Weihnachtszimmer. In: Handarbeitsbeilage zu: Grosse Modenwelt 24 (1915), Dezemberheft
Abb. SW 126: Wöchnerinnensaal der Heilsarmee. In: Dies Blatt gehört der Hausfrau 17 (1902/1903), S. 77

Literatur- und Quellenverzeichnis

Stickerei

Beyers Handarbeitsbücher (= Handarbeitsbücher der »Deutschen Moden-Zeitung), Leipzig
Marie Niedner: Filetarbeiten I, II, III Bände 14 (1916), 39 (1921), 47 (1921);
Helene Weber: Kreuzsticharbeiten I, II, III Bände 11 (1920), 12 (1920), 22 (1923)
Helene Weber: Weißstickerei: Band 13 (1920)
Bibliothek D.M.C., Hrsg. Thérèse de Dillmont, Dornach (Elsaß), o.J.
Alphabete für die Stickerin
Alphabete und Monogramme
Vorlagen für Plattsticharbeit
Album für Kreuzstich-Stickerei I, II, III
Boser, Renée, Irmgard Müller: Stickerei. Systematik der Stichformen. Basel 1968 (Katalog)
Bürkner, Marie: Beschäftigungsbuch für Mädchen. Bielefeld und Leipzig 1893
Dillmont Thérèse: Encyklopaedie der Weiblichen Handarbeiten. Dornach 1893
Gockerell, Nina: Stickmustertücher. München 1980
Haltrich, Josef: Zur Volkskunde der Siebenbürger Sachsen. Wien 1885
Heiden, Max: Handwörterbuch der Textilkunde aller Zeiten und Völker. Berlin 1904
Hildebrandt, Hans: Die Frau als Künstlerin. Berlin 1928
Kaufmann, Gerhard: Stickmustertücher aus dem Besitz des Altonaer Museums. Hamburg 1975 (Katalog)
King, Donald: Samplers. (Victoria und Albert Museum), London 1960
Klaster, Ludwig: Siebenbürgisch-sächsische Nadelarbeiten. Hermannstadt 1937
Das Kränzchen, Illustriertes Mädchen-Jahrbuch. Stuttgart 1895/96
Leske, Marie: Illustrirtes Spielbuch für Mädchen. Leipzig 1875
Lessing, Julius: Muster altdeutscher Leinenstickerei. Berlin 1879
Lessing, Julius: Sprüche auf altdeutschen Leinendecken. In: Illustrierte Frauen-Zeitung 4 (1877), S. 302
Lipperheide, Frieda: Häusliche Kunst. Berlin 1894
Meyer-Heisig, Erich: Weberei, Nadelwerk, Zeugdruck. München 1956 (mit ausführlichen Literaturangaben zur textilen Volkskunst)
Meyer-Heisig: Ein Augsburger Prunkhandtuch aus der Mitte des 15. Jhdts. In Tiroler Heimatbl. 31 (1956), S. 47f
Pieske, Christa: Gestickte Haussegen. In: Rheinisch-westfälische Zeitschrift f. Volkskunde
Pieske, Christa: Haussegen, auf Papierkanevas gestickt. In: Das ABC des Luxuspapiers, Berlin 1983
Rapp, Anna: Schweizerische Mustertücher. Bern 1976
Rumpf, Karl: Alte hessische Stickerei. In Hessenkunst. Kal. f. Kunst und Heimatpflege. Marburg 21, (1927), S. 45f
Schoneweg, Eduard: Das Leinengewerbe. Ein Beitrag zur niederdeutschen Volks- und Altertumskunde. Bielefeld 1923
Schuette, Marie und Sigrid Müller-Christensen: Das Stickereiwerk, Tübingen 1963
Schuette, Marie: Gestickte Bildteppiche und Decken des Mittelalters. 2. Bde. Leipzig 1927-1930
Schuchardt, W.: Textilien. In: Spamer: Die Deutsche Volkskunde I, 1934
Sigerus, Emil: Siebenbürgisch-sächsische Leinenstickerein. München 1961
Spieß, Anneliese: Hinterländer Stickereien. Marburg 1975
Stickmustertücher. Katalog Museum für Kunsthandwerk. Kleine Hefte 12. Frankfurt 1979
Sydow, Johanna von: Moden- und Toiletten Brevier. Leipzig 1877
Trudel, Verena: Schweizerische Leinenstickereien des Mittelalters und der Renaissance. Bern 1954
Ungarische Textilwandbehänge im 19. und 20. Jhdt. Ausstellungskatalog 7, Lajos Hatvany-Museum, Budapest 1980
Vobachs Handarbeitsbücher, Leipzig:
Band 1: Amalie Witte: Richelieustickerei. 1924
Band 11: Amalie Witte: Stickereien für die Küche. 1924
Band 17: Helene Mallin: Kreuzstichstickereien. 1925
Band 19: Amalie Witte: Gestickter Wandschmuck. 1925
Wade, N. Victoria: The Basic Stitches of Embroidery, London 1966
Wendl, Martin: Urgroßmutters Leib- und Küchenwäsche. Rudolstadt 1985
Wilckens, Leoni von: Nürnberger Wirkteppiche des Mittelalters. Nürnberg 1965
Zischka, Ulrike: Stickmustertücher aus dem Museum für Deutsche Volkskunde Berlin. Berlin 1978
Zieting, Annemarie: Die bäuerlichen Stickereien der Winsener Elbmarsch. In: Zs. f. Dt. Vkde, Vjs. d. Arbeitsgemeinschaft f. Vkde 2, München 1940

Frauen- und Modenzeitschriften.

Beyers Modenblatt. Leipzig 1922 - 195 uff.
Beyers Monatsblatt für Handarbeit und Wäsche. Leipzig 1925-1935
Der Bazar, Illustrirte Damen-Zeitung. Berlin 1855 - 1935 uff.
Deutsche Moden-Zeitung. Leipzig 1871-1935 uff.
Die elegante Mode. Illustrierte Zeitung für Mode und Handarbeiten. Berlin 1890-1935 uff.
Die Große Modenwelt. Berlin 1892-1920
Die Modenwelt. Illustrirte Zeitung für Toilette und Handarbeiten. Berlin 1864-1935 uff.
Dies Blatt gehört der Hausfrau. Illustrirte Zeitschrift für die Angelegenheiten des Haushaltes. Berlin 1886/87-1920.
Frauen-Fleiß, Vobachs Zeitschrift für Handarbeiten 1925-1935 uff.
Für's Haus. Praktisches Wochenblatt für alle Hausfrauen. Dresden 1882 - 1935 uff.
Illustrirte Frauen-Zeitung. Berlin 1874-1911
Kunstgewerbe für's Haus. Berlin 1900-1914
Liebhaberkünste. Zeitschrift für häusliche Kunst. München/Leipzig 1892-1910
Mode und Haus. Praktische illustrirte Frauenzeitung. Berlin 1885-1920
Monika. Zeitschrift für häusliche Erziehung (Zeitschrift für katholische Mütter und Hausfrauen). Donauwörth 1869-1935 uff.
Petersen-Wagners Stickmusterzeitung. Leipzig 1888-1916/17
Stickereien und Spitzen (=Stickerei-Zeitung und Spitzen-Revue = Handarbeiten aller Art). Darmstadt 1900-1935 uff.
Vobachs Frauen- und Modenzeitung. Leipzig 1908-1935 uff.

Haushalt + Wohnen

Abel, Lothar: Der gute Geschmack. Wien 1895
Bie, Oskar: Die Wand und ihre künstlerische Gestaltung. Berlin 1904
Burchard, Carl: Gutes und Böses in der Wohnung in Bild und Gegenbild. Leipzig/Berlin 1933
Davidis, Henriette: Die Hausfrau. Praktische Anleitung zur selbstständigen und sparsamen Führung von Stadt- und Landhaushaltungen. Leipzig 1877
Dißmann, Berta: Ratgeber für Haus und Herd. Dresden 1914
Falke, Jacob: Die Kunst im Hause. Geschichtliche und kritisch ästhetische Studien über die Decoration und Ausstattung der Wohnung. Wien 1871
Fred, W.: Die Wohnung und ihre Ausstattung. Bielefeld/Leipzig 1903
Heidemann, Elisabeth: Handbuch für die Haushaltung. Essen 1892
Hoesfs, A.: Der eigene Herd. Cassel 1902
Holle, Luise: Im deutschen Hause. Ein Ratgeber und Helfer für das gesamte häusliche Leben. Hanau 1903
Koch, Alexander: 1000 Ideen zur künstlerischen Ausgestaltung der Wohnung. Darmstadt 1926
Koch, Alexander: Farbige Wohnräume der Neuzeit. Darmstadt 1926
Koch, Alexander: Handbuch neuzeitlicher Wohnkultur. 1. Das vornehm bürgerliche Heim. Darmstadt 1922
Krüger, Auguste, Franz. Dillon: Großes illustriertes Frauenlexikon. Berlin 1900
Kübler, Anna: Der Haushalt. Handbuch des Wissenswürdigsten im gesamten Wirken und Schaffen der Hausfrau. Regensburg 1891
Lux, Joseph August: Die Moderne Wohnung und ihre Ausstattung. Wien/Leipzig 1905
Lux, Joseph August: Der Geschmack im Alltag. Dresden 1910
Meringer, Rudolf: Das deutsche Haus und sein Hausrat. Leipzig 1906
Moeller: Die Hausfrau in ihrem Schalten und Walten. Ulm 1898
Polko, Elise: Unsere Pilgerfahrt von der Kinderstube bis zum eigenen Heerd. Leipzig 1871
Praz, Mario: Die Inneneinrichtung von der Antike bis zum Jugendstil. München 1965
Redelien, M.v.: Haus und Herd. Praktisches, illustriertes Hausbuch zur verständigen Führung der Wirtschaft. Riga 1901
Rosner, K.: Das deutsche Zimmer im 19. Jahrhundert.

In: G. Hirt: Das deutsche Zimmer vom Mittelalter bis zur Gegenwart. München/Leipzig 1898, 2. Bd.
Warlich, Hermann: Wohnung und Hausrat. München 1908
Wedell, J.v.: Mein Haus mein Stolz. Praktischer Ratgeber für alle, die ihr Heim einrichten und Geselligkeit pflegen wollen. Stuttgart 1897
Wedell, J.v.: Im Haus und am Herd: Praktischer Ratgeber in allen Gebieten der Haushaltung für Frauen und Mädchen. Stuttgart 1897
Wegweiser zum häuslichen Glück für Mädchen. Hrsg. Kommision des Verbandes »Arbeiterwohl«. Mönchen-Gladbach/Leipzig 1888
Wilhelmi, Luise, William Löbe: Illustrirtes Haushaltungs-Lexicon. Straßburg 1884

Schrift-Spruch-Sprichwort

Adolphi, Otto: Das große Buch der Fliegenden Worte. Berlin o.J.
Büchmann, Georg: Geflügelte Worte. Der Citatenschatz des deutschen Volkes Berlin 1864
Dreselly, Anton: Grabschriften. Marterl-, Bildstöckl- und Totenbrett-Verse, dann Hausinschriften, Wohn- und Trinkstubenreime, Geräthe-Inschriften u.a. Salzburg 1899
Hain, Mathilde: Sprichwort und Volkssprache. In: Gießener Beiträge z. dtsch. Phil. 1951, s. 7 ff, S. 36ff.
Larisch, Rudolf: Unterricht in ornamentaler Schrift. Wien 1913
Lipperheide, Franz Frh.v.: Spruchwörterbuch. Berlin 1907
Klapper, Joseph: Sprüche, Sprichwörter, Reime, Rätsel. In: Wilhelm Peßler: Handbuch der Deutschen Vkde. 2. Band. Leipzig 1934, S. 389ff
Klapper, Joseph: Die Sprichwörter der Freidankpredigten. 1927
Petsch, Robert: Spruchdichtung des Volkes. Vor- und Frühformen der Volksdichtung. Halle 1938
Mackensen, Lutz: Zitate, Redensarten, Sprichwörter. Stuttgart 1973
Wander, Karl Friedrich, Wilhelm: Deutsches Sprichwörter-Lexikon. Ein Hausschatz für das deutsche Volk. 5 Bände. Leipzig 1867-80

Wandschmuck

Brückner, Wolfgang: Kleinbürgerlicher' und wohlstandsbürgerlicher Wandschmuck im 20. Jhdt. In: Beiträge zur deutschen Volks- und Altertumskunde 12 (1968), s. 35 ff
Brückner, Wolfgang: Elfenreigen-Hochzeitstraum. Die Öldruckfabrikation 1880-1940. Schauberg 1974
Katalog zur Ausstellung »Die Bilderfabrik« im Historischen Museum, Frankfurt/Main 1973.
Katalog zur Ausstellung »Schmücke Dein Heim« im Schweizerischen Museum für Volkskunde, Basel 1977
Klein, Georges: Haussegen im Elsaß. In: Volkskunst 4 (1981) S. 203–211
Scharfe, Martin: Evangelische Andachtsbilder. Stuttgart 1968
Scharfe, Martin; Rudolf Schenda, Herbert Schwendt: Volksfrömmigkeit. Bildzeugnisse aus der Vergangenheit und Gegenwart. Stuttgart 1967
Schilling, Heinz: Wandschmuck unterer Sozialschichten. (Europäische Hochschulschriften, Reihe XIX, Nr. 4) Bern 1971
Sturzenegger, Hannes: Volkstümlicher Wandschmuck in Zürcher Familien. (Europäische Hochschulschriften, Reihe XIX, Nr. 2) Bern 1970
Wandschmuckforschung am Ludwig Uhland-Institut (Die Reutlingen-Studie: Materialien und Hypothesen) In: Zs f. Volkskunde 66 (1970), s. 124-150

Hausindustrie

Bein, Louis: Die Industrie des sächsischen Voigtlandes. 2. Teil: Die Textilindustrie. Leipzig 1899
Benjamin, Dora: Der Stand der Heimarbeit in Deutschland. Jena 1928
Feig, Johannes: Hausgewerbe und Fabrikbetrieb in der Berliner Wäsche-Industrie. Leipzig 1896
Gaebel, Käthe: Die Lage der Heimarbeiterinnen. Berlin 1912
Hausindustrie und Heimarbeit in Deutschland und Österreich. 2. Band: Die Hausindustrie der Frauen in Berlin. In: Schriften des Vereins für Sozialpolitik LXXXIV. Leipzig 1899
Die Heimarbeit im Textilgewerbe. Führer durch die deutsche Heimarbeiterausstellung 1925. Hrsg. Deutscher Textilarbeiter-Verband. Berlin 1925
Die Heimarbeit in der deutschen Textilindustrie. Hrsg. Deutscher Textilarbeiter-Verband. Berlin 1925

Heimarbeit in der Textilindustrie. Hrsg. Zentralverband christlicher Textilarbeiter Deutschlands. Berlin 1925
Heiss, Cl. und A. Koppel: Heimarbeit und Hausindustrie in Deutschland, ihre Lohn- und Arbeitsverhältnisse. Berlin 1906
Simon, Helene: Das Stickereigewerbe in Berlin. In: Schriften des Vereins für Socialpolitik LXXXV. 2. Band: Hausindustrie und Heimarbeit. Leipzig 1899, S. 499-596